Hannes Berger

Dimensionen parlamentarischer Kontrolle

Eine Einführung in Theorie und Empirie

Hannes Berger

DIMENSIONEN PARLAMENTARISCHER KONTROLLE

Eine Einführung in Theorie und Empirie

ibidem-Verlag
Stuttgart

Bibliografische Information der Deutschen Nationalbibliothek
Die Deutsche Nationalbibliothek verzeichnet diese Publikation in der Deutschen Nationalbibliografie; detaillierte bibliografische Daten sind im Internet über http://dnb.d-nb.de abrufbar.

Bibliographic information published by the Deutsche Nationalbibliothek
Die Deutsche Nationalbibliothek lists this publication in the Deutsche Nationalbibliografie; detailed bibliographic data are available in the Internet at http://dnb.d-nb.de.

Coverabbildung: © Michael Sunke / pixelio.de

∞

Gedruckt auf alterungsbeständigem, säurefreien Papier
Printed on acid-free paper

ISBN-13: 978-3-8382-0579-3

Printed in Germany

Vorwort

Mit Hannah Arendt gesprochen, ist grundlegendes Element der menschlichen Bedingung das Arbeiten und Herstellen. Doch erst das Sprechen und Handeln begründen das Politische. Das Sprechen bedingt den Grundgedanken des Parlamentes. Parlamentarismus, das ist Debatte, These und Antithese, Austausch und Streit, Repräsentation und Legitimation. Das Wort Parlament stammt nicht von ungefähr vom französischen *parler* ab. Dass parlamentarische Kontrolle, das Thema des vorliegenden Bandes, zu großen Teilen durch Sprache stattfindet, sprich Frage und Antwort, Unterredung und Informierung, unbenommen ob im großen Plenum oder im vertraulichen Kreis, ist selbstredend.

Bei einem Vorhaben wie diesem, nämlich die Absicht, den Facettenreichtum eines Zusammenspiels mehrerer politischer Konstrukte und Systeme von Staatsorganen festzuhalten, steht man, so scheint es, vor einer undurchsichtigen und schwer überschaubaren Gemengelage. In Zeiten wiederkehrend heraufbeschworener Krisen, die zum Teil europaweit um sich greifen und in deren Verlauf schnelle administrative Entscheidungen getroffen werden müssen, kann selbiger Umstand (eben dieser Krise) nicht zum Argument genommen werden, institutionelle Rechte und parlamentarische Herrschaftskontrollen zu um- und übergehen. Teilweise in atemberaubendem Tempo müssen höchstrichterliche Entscheidungen die Parlamentsrechte stärken und für neue Bereiche formulieren und dadurch das feine Gleichgewicht zwischen den politischen Gewalten austarieren. Dabei zeigten die Richter in den roten Roben mehrfach, unbeeindruckt des medialen und Zeitdruckes, dass trotz Krisensituationen

> „[a]uch in einem System intergouvernementalen Regierens […] die gewählten Abgeordneten des Deutschen Bundestages als Repräsentanten des Volkes die Kontrolle über grundlegende […] Entscheidungen behalten [müssen].“[1]

Diese Entwicklung ist besonders für Mitentscheidungskompetenzen des Deutschen Bundestages in Verflechtung mit der Europapolitik der Deutschen Bundesregierung beeindruckend. Wenn Politik zunehmend global stattfindet, Entscheidungen intergouvernemental und supranational ausgehandelt werden, liegt die Gefahr nahe, dass Politik auch zunehmend nur zu Exekutivpolitik wird. In einem filigranen Gebilde, wie dem des bundesdeutschen Grundgesetzes kann diese Entwicklung nur schädlich sein, weshalb legislative Kräfte auf eben diesen *Kontrollverlust* ein wachendes Auge haben sollten. Der vorliegende Band kann nur

---

[1] BVerfG, 2 BvR 1390/12 vom 12.9.2012, Rn. 211.

als eine Einführung in die verschiedenen Dimensionen dieser Kontrolle gelten und würde den Anspruch auf eine Vollständigkeit nie zu erheben wagen, zu eng ist die Verzahnung im politischen System Deutschlands. Und doch bietet bereits eine solche Einführung Einblicke in verschiedenste Politikfelder, greift das ständige Ringen zwischen dem einerseitigen Anspruch des direkt legitimierten Parlamentes und andererseits dem Bereich der exekutiven Eigenverantwortlichkeit auf.

Wo erhebt das Parlament eine machtvolle Kontrolle? Wo besteht eine Notwendigkeit der Geheimhaltung? Und ab wann ist eine nicht gegebene Kontrollmöglichkeit nicht mehr vertretbar, gar kritikwürdig?

Es geht also um eine der Hauptfunktionen des Parlamentarismus: Kontrolle. Kontrolle lebt von Information, von Legitimation und von einer wirkungsmächtigen Normierung der Instrumente. Dieser Beitrag versteht sich als eine Handreichung zur Theorie und Ausgestaltung der Dimensionen bundesdeutscher parlamentarischer Kontrolle, stets im Sinne einer kritischen Betrachtungsweise. Dabei soll parlamentarische Kontrolle aus den unterschiedlichen wissenschaftlichen Disziplinen der Rechtswissenschaft, der Politikwissenschaft und der Philosophie Illumination erfahren, und diese disziplinären Stränge zu einem aufgearbeiteten Ganzen gereicht werden. Aktuelle Entwicklungslinien, wie die zunehmend in die Kritik geratene Rüstungsexportpolitik, die europäischen Fiskalpolitiken und die darauf folgenden Reaktionen durch die deutsche höchste Justiz, oder aber die internationalen Geheimdienstaffären werden aus parlamentarischer Sphäre begutachtet.

Erfurt im Herbst 2013

Inhaltsverzeichnis

Tabellenverzeichnis

Abbildungsverzeichnis

Abkürzungsverzeichnis

APuZ	Aus Politik und Zeitgeschichte
AWG	Außenwirtschaftsgesetz
AWV	Außenwirtschaftsverordnung
BSR	Bundessicherheitsrat
BVerfG	Bundesverfassungsgericht
BVerwG	Bundesverwaltungsgericht
DVBl	Deutsche Verwaltungsblätter
EFSF	Europäische Finanzstabilisierungsfazilität
ESM	Europäischer Stabilitätsmechanismus
EUZBBG	Gesetz über die Zusammenarbeit von Bundesregierung und Bundestag in Angelegenheiten der Europäischen Union
GGO	Gemeinsame Geschäftsordnung der Bundesministerien
GSP	Gesammelte Politische Schriften Max Webers
GeschOBT	Geschäftsordnung des Bundestages
Ibid	Ibidem (lat. ebenda)
Jg	Jahrgang
KrWaffKontrG	Kriegswaffenkontrollgesetz
NJW	Neue Juristische Woche
NVwZ	Neue Zeitschrift für Verwaltungsrecht
ParlBG	Parlamentsbeteiligungsgesetz
PKGr	Parlamentarisches Kontrollgremium
PKK	Parlamentarische Kontrollkommission
PUAG	Gesetz zur Regelung des Rechts der Untersuchungsausschüsse des Deutschen Bundestages
Rn	Randnummer
StabMechG	Stabilisierungsmechanismusgesetz
VertrGr	Vertrauensmännergremium
Vgl	Vergleiche
WRV	Weimarer Reichsverfassung
ZG	Zeitschrift für Gesetzgebung
ZRP	Zeitschrift für Rechtspolitik
ZParl	Zeitschrift für Parlamentsfragen

1 Einleitung

Der Lektüre dieses Buches seien zwei *Grundthesen* vorangestellt. Da die Bundesrepublik Deutschland ein parlamentarisches Regierungssystem besitzt, in dem sich die Regierung mittelbar, das Parlament unmittelbar durch die Wahl des Souveräns, dem Volk, ableitet, führt diese direkte Legitimation des Bundestages mithin zu einer gesteigerten Verantwortung. Dieser Verantwortung muss der Bundestag nachkommen und er kann dies indes nur erreichen, indem er zeigt, dass er die Geschicke des Staates, das Wohl der Allgemeinheit und letztlich auch die Staats-Gewalt effektiv zu lenken vermag. Die erste These, der dieses Buch nachzugehen gedenkt, lautet daher:

I *Der Deutsche Bundestag als direkt legitimiertes Staatsorgan muss die Fähigkeit besitzen und ausüben, alles Staatshandeln effektiv zu beeinflussen und zu führen.*

Die mittelbar legitimierte, aus dem Parlament hervorgehende Regierung ist gleichsam die Spitze der ausführenden Gewalt und Verwaltung des Staates. Weil die Regierung ihre Legitimation, mithin also ihre Fähigkeit zur Herrschaft nur übertragen bekommen hat, und nicht originär aus sich selbst heraus bilden kann, ist die Regierung einer erheblichen Verantwortlichkeit für ihre Ausübung staatlicher Tätigkeit, also für ihre Ausformung der Herrschaft, unterworfen, die sie gegenüber dem Parlament und letztlich dem Souverän, dem Volk, beweisen muss. Gleichsam bedarf die Exekutive aber eines gewissen freien Spielraumes, um die Hoheitsbefugnisse auch wirkungsvoll ausüben zu können. Daraus abgeleitet ergibt sich die zweite These, die hier untersucht werden wird:

II *Die Bundesregierung als indirekt legitimiertes Organ und Spitze der Exekutive muss zugleich verantwortlich gegenüber dem Parlament sein, als auch eigene Bereiche des Handelns, die der Legislative unzugänglich sind und frei von Einfluss bleiben müssen, besitzen.*

In dieses Spannungsverhältnis von staatsleitender Prärogative des Parlamentes und der Eigenständigkeit der Regierung fällt die Parlamentarische Kontrolle. Dies wird insbesondere, aber nicht ausschließlich, bei der Überwachung der Geheimdienste offenkundig. Geheimschutz im Rechtsstaat – zwischen transparenter Demokratie und notweniger (effektiver) exekutiver Geheimhaltung.

Um die beiden Grundgedanken auf ihren Gehalt zu *überprüfen*, wird dieser Band den Bereich der bundesdeutschen parlamentarischen Kontrolle in seinen verschiedenen Facetten betrachten. Dabei ist es das Ziel, sowohl rechtswissenschaftlichen, als auch politikwissenschaftlichen, empirischen Argumentationen zu folgen. Dieses Buch soll zugleich die Ausformungen der parlamentarischen

Kontrolle darstellen und Stärken dieser bewerten. Da die vorzustellenden Prozesse vielfach durch Verfassungsrecht und Geschäftsordnungs- und Prozessrecht formalisiert sind, bietet sich eine Darstellung in beiden wissenschaftlichen Disziplinen an. Denn die Kontrolle über die Regierung ist weder rein rechtlich, noch bloß politisch zu bewerten, da an eben jenem Schmelzpunkt zwischen Legislative und Exekutive Recht und Politik aufeinandertreffen und sich gegenseitig bedingen.

Zunächst wird das Institutionengefüge, in dem sich dieser Band für seine Untersuchungen bewegt, vertieft in Kapitel 2 untersucht. Der Band geht grundsätzlich deduktiv vor und stellt zu diesem Zwecke in Kapitel 3 unter anderem die verschiedenen theoretischen Ansätze der Gewaltenteilung, der Parlamentsrechte, der Korollartheorie, der Wesentlichkeitstheorie oder der Prinzipal-Agenten Theorie vor. Ausgehend von diesem gedanklichen Überbau geht der Band ab Kapitel 4 über in eine rechtliche und empirische Darstellung und Bewertung der einzelnen, dem Deutschen Bundestag zustehenden Kontrollmittel und Möglichkeiten. Dabei werden in Kapitel 4 die allgemeinen Interpellations- und Fragerechte untersucht und hinsichtlich ihrer unterschiedlichen Nutzung zwischen Parlamentsmehrheit und Parlamentsminderheit dargestellt. In Kapitel 5 erfährt Instrument des konstruktiven Misstrauensvotums Betrachtung, woran sich in Kapitel 6 die Kontrollrechte in der Außenpolitik anschließen. Für den Komplex der Außenpolitik unterteilt sich das Kapitel zunächst in einen allgemeinen Teil, um dann in den Sonderfällen der Europapolitik, sowie im sensiblen Bereich der Kontrolle der Bundeswehr eingehender Fragen aufzuwerfen. Kapitel 7 analysiert und bewertet das defizitäre System deutscher Rüstungsexporte und die Rolle der Organe Bundesregierung und Bundestag innerhalb dieses Systems. Und Kapitel 8 untersucht abschließend die Spannungen zwischen Parlamentsverantwortung und Geheimnisschutz bei der parlamentarischen Kontrolle der Geheimdienste. Kapitel 9 schließt mit der Frage ab, was Herrschaft sei und fällt ein zusammenfassendes Urteil über die Betrachtungen dieses Bandes.

2 Eine Verortung der parlamentarische Kontrolle im Institutionengefüge

2.1 Eine etymologische Annäherung

Nähert man sich dem Begriff der *Kontrolle* etymologisch, stößt man zunächst auf die Bedeutungsinhalte von einer *Überwachung im Sinne einer Überprüfung/Prüfung*, in einem zweiten Schritt auf *Überwachung im Sinne einer Beaufsichtigung* und in einem dritten Schritt verbindet sich *Kontrolle als Beherrschung mit Macht und Gewalt.*[2] Diese kurze und grobe Einteilung ist tiefergehender, als dies zunächst anmuten mag; sie weist bereits auf eine später hier vorzunehmende Abgrenzung verschiedener Kontrollarten hin. Wenn von Überwachung im Sinne einer Überprüfung die Rede ist, so deutet diese Überprüfung auf einen *bereits abgeschlossenen* Vorgang hin, dem nun, nach seiner Beendigung, eine Bewertung und Prüfung zuteilwird. Hingegen, spricht man von Überwachung im Duktus einer Beaufsichtigung, weist der zweite Bedeutungsinhalt vielmehr auf eine Bewertung eines *noch laufenden* Prozesses hin, der noch nicht abgeschlossen ist, den die zu kontrollierende Stelle mithin noch beeinflussen, Fehlentwicklungen umsteuern und ihre Vorstellungen einbringen kann. Die dritte sprachliche Dimension von Kontrolle mit der Verbindung hin zu Gewalt und Macht ist exakt der Bereich, sofern es um das Politische geht, den dieses Buch zu beleuchten sich zum Ziel gesetzt hat. Wie weit reicht die Macht des Deutschen Bundestages, bis zu welchen Grenzen kann und muss er bestimmen?

Seine Wortherkunft hat Kontrolle ursprünglich im Lateinischen, mit der Zusammensetzung aus dem Präfix *contra* (gegen) und dem Substantiv *rotulus* (Rad/Rädchen). Über das Französische entwickelte sich daraus der Begriff *contre-rôle*, was so viel wie ein überprüfendes Gegenregister, ein Zweitregister gegenüber dem Original darstellte, mithin also eine prüfende doppelte Buchführung.[3] Wiederum im 18. Jahrhundert in der Schreibweise *contrôle* entwickelte

---

2 Vgl. *Brockhaus Enzyklopädie*, Band 12, Stichwort Kontrolle, Mannheim 1990, S. 316; gleichsam Duden. Rechtschreibung der deutschen Sprache, 21., völlig neu bearb. und erw. Aufl., Mannheim / Leipzig / Wien / Zürich 1996, S. 426.

3 Vgl. *Encyclopedia Britannica*, Band 7, Stichwort Control, New York 1911, S. 45. Die ehrwürdige Encyclopedia Britannica spricht von Kontrolle als Umstand, „which checks or regulates anything, and so especially command of body or mind by will, and generally the power of regulation."

sich das Wort in seiner heutigen Bedeutung.[4] Im angloamerikanischen Raum wird das Pendant *„to control"* aber vielmehr als Steuerung von Dingen und Prozessen verstanden und durch das Substantiv der *„supervision"* mit Bedeutung der Aufsicht sowie *„scrutiny"* und *„surveillance"*, im Sinne der Überwachung, ergänzt.

Tatsache ist, dass die deutsche Bedeutung der Kontrolle eine umfassende ist. Wie kann sie nun in das Gefüge der Staatsgewalten eingeordnet werden, deren Beziehung beleuchtet und ihre Spuren in den rechtlichen Ausgestaltungen bewertet werden?

2.2 Die Kontrolle als Teil der Parlamentsfunktionen

In einem Institutionen- und Funktionengeflecht, wie es die föderale Bundesrepublik Deutschland inmitten der supranationalen und intergouvernementalen Europäischen Union ist, stellt sich die Frage nach der Funktion des Bundesdeutschen Parlamentes. Folgt man den klassischen Katalogen eines Walter Bagehots oder John Stuart Mill, so lassen sich vier Grundtypen von Parlamentsfunktionen in einer Demokratie ausmachen.[5]

Wahlfunktion

Das Parlament wählt und beruft die Regierung ab, entscheidet über die Besetzung anderer Verfassungsorgane und rekrutiert das höhere politische Personal. Diese Rekrutierungsfunktion muss jedoch immer auch im funktionalen Teilsystem der Parteien verstanden werden. Parlamentarisches System und Parteiensystem greifen hier ineinander.

Gesetzgebungsfunktion

Die Gesetzgebungsfunktion ist originärste, demokratischste Aufgabe des Parlaments und fußt ursprünglich auf dem Budgetrecht der Parlamente in konstitutionellen Monarchien. Sie ist Kernstück der Gewaltenteilungslehre. Das Parlament ist der *legislateur*, und hat einzig als dieser die Macht, Recht zu setzen, was in formalisierten Verfahren stattfindet und stets durch die Repräsentation des Volkes zu diesem rückgekoppelt ist und dadurch Legitimität schafft.

---

4 Vgl. *Friedrich Kluge*, Etymologisches Wörterbuch der deutschen Sprache, 24., durchgesehene und erweiterte Auflage, Berlin/New York 2001, S. 525.

5 Vgl. *Wolfgang Ismayr*, Der Deutsche Bundestag, 3., völlig überarbeitete und aktualisierte Auflage, Wiesbaden 2012, S. 35.

Kontrollfunktion

Das Parlament hat es zur Aufgabe, im Sinne der Gewaltenteilung und der Gewaltenverschränkung die Regierung und ihre Verwaltung zu überwachen und zu bewerten, Kritik zu üben und aus Missständen im Rahmen der parlamentarischen Rechte Konsequenzen (bspw. meinungsäußernde Parlamentsbeschlüsse, Enqueteuntersuchungen, Misstrauensvoten, und der gleichen mehr) zu ziehen. Einer dem Parlament verantwortliche Regierung, die von dessen Vertrauen abhängig ist, erfährt auf diesem Weg ein starkes Pendant.

Repräsentations- und Kommunikationsfunktion

Ebenso hat ein Parlament als Volksvertretung repräsentative Aufgaben. Es muss das Wahlvolk in sich wiederspiegeln und sowohl Regierungsauftrag, als auch politische Meinungen und Interessen aufnehmen und für den Souverän umsetzen. Im Umgekehrten muss das Parlament die Rückmeldung an das Wahlvolk abgeben, Regierungs- und Parlamentsentscheidungen und Willensbildungsprozesse publik machen und erklären.

Die parlamentarische Kontrolle ist dieser knappen Übersicht nach eine der vier Hauptfunktionen eines Parlamentes. Dabei sind die erwähnten Teilfunktionen schwerlich so schematisch voneinander abzugrenzen, wie es soeben vorgenommen wurde. Vielmehr gibt es auch hier erhebliche Überschneidungen. Ein konstruktives Misstrauensvotum des Deutschen Bundestages betrifft sowohl die Kontrollfunktion, als auch die Wahlfunktion. Und die Haushaltsgesetzgebung durch den Bundestag betrifft bei weitem nicht allein die Gesetzgebungsfunktion, sondern baut gleichsam erhebliches Kontrollpotential auf, da durch die Aufstellung des Haushaltsplanes ein jedes Vorhaben der Bundesregierung auf den Prüfstand kommt und im Haushaltsausschuss abgeändert werden könnte.

2.3 Gewaltenteilung, Gewaltenmonismus, Gewaltenverschränkung?

Das Grundgesetz bekennt sich in Art. 20 II S. 2; 1 III und 70 ff. grundsätzlich zum Ordnungsprinzip der Gewaltenteilung.[6] Dementsprechend ergibt sich die Verneinung eines Gewaltenmonismus, der vorrangigen Stellung als eine führende Kompetenz- und Kontrollinstanz einer der drei Gewalten.[7] Mithin kann auch das Parlament diese Vormachtstellung nicht besitzen, um es mit John Locke zu sagen, müssen die Gesetze, die das Parlament macht auf für dieses gelten, weshalb es klüger ist, die Gesetze von anderen umsetzen zu lassen, als von denen, die sie selbst verabschiedeten. Der Gewaltenteilungsgrundsatz als „tragendes Organisations- und Funktionsprinzip"[8] hat bedeutenden Einfluss auf Entscheidungsstrukturen, Entscheidungsbefugnisse und auch die Kontrolle dieser Befugnisse durch die jeweilig anderen Gewalten. Dieses System der *„checks and balances"* betrifft im besonderen Maße das Verhältnis zwischen Deutschem Bundestag und der Bundesregierung.

> „Bei diesem Dualismus teilen sich die beiden Machtträger in die Funktionen der Gestaltung der politischen Grundentscheidung und der Ausführung dieser Entscheidung im Wege der Gesetzgebung. Da sie beide außerdem wechselseitigen Beschränkungen und gegenseitigen Kontrollen unterliegen – Interorgankontrollen – ist auch die politische Kontrolle unter sie verteilt"[9]

Eine sogleich in einigen (Kern-)Bereichen eigenständige, als in anderen Bereichen der parlamentarischen Kontrolle unterworfene Regierung ist ein zwingendes Merkmal für ein parlamentarisches Regierungssystem.[10]
Die Bundesregierung und zusammen mit ihr die parlamentarische Regierungsmehrheit, aus der sie hervorgeht, entsprechen dem Zentrum der staatlichen Leitungsebene. Die Regierung ist dabei der gestaltende Teil. Im Sinne des Grundgesetzes ist sie als ausführende Gewalt[11], also umfassend an Gesetzesausführung, politischer Führungs- und ebenso Verwaltungstätigkeit, zu verstehen.

---

6 Vgl. *Hartmut Maurer*, Staatsrecht I, München 2010, Art. 20, Rn. 9; *Hans Jarass / Bodo Pieroth*, Grundgesetz für die Bundesrepublik Deutschland, München 2011, Art. 20, Rn. 23 ff.; *Michael Sachs*, Grundgesetz, München 2009, Art. 20, Rn. 75 ff.; *Alfred Katz*, Staatsrecht, Heidelberg 2007, Rn. 179.

7 BVerfGE 49, 89 (124 ff.)

8 BVerfGE 3, 225 (247 f.)

9 *Karl Loewenstein*, Verfassungslehre, Tübingen 1969, S. 83.

10 Vgl. *Michael Brenner*, Reichweite und Grenzen des parlamentarischen Fragerechts, Baden-Baden 2009, S. 13 f.; BVerfGE 67, 100 (130)

11 Vgl. *Dieter Hesselberger*, Grundgesetz, Bonn 2003, Art. 62, Rn. 2; *Hans Jarass / Pieroth* ...

Der Bundestag als die Gesetzgebende Gewalt hat dabei weitreichende Mitsprache- und Kontrollrechte, wie dieser Beitrag im Weiteren zeigen wird. Jedoch kann, entsprechen dieser engen Verzahnung der Organe, der Kontrollrechte und dem Verbot des Gewaltenmonismus, von der Bundesregierung mitnichten als ein bloß ausführendes Hilfsorgan des Bundestages gesprochen werden. Der Exekutive sind klare Bereiche der Eigenverantwortung anvertraut[12], welche aus logischen Gründen nur, oder am effektivsten, durch sie, die Bundesregierung, ausgeführt werden können..

Wie zuvor festgestellt, geht die Regierung in parlamentarischen Systemen westlicher Prägung, besser gesprochen parlamentarischen Regierungssystemen, aus der Parlamentsmehrheit hervor, gestützt durch die im Parlament gebildete Mehrheit zumeist koalierender Fraktionen. Die Regierung kann daher, im Idealfall, auf Vertrauen und Unterstützung ihrer parlamentarischen Fraktion(en) bauen, diese wiederum setzen ihr Vertrauen in die Regierung. Den oppositionellen Fraktionen kommt daher die Aufgabe der Kontrolle zu, weniger dem Parlament im Gesamten.[13] Dieser als „Neuer Dualismus“[14] geprägte Umstand ist dem alten Dualismus zwischen gesamten Parlament und Regierung gewichen, welcher in konstitutionellen Monarchien das Verhältnis zwischen beiden Organen bestimmte.

Um der Opposition eine wirksame Kontrolle der Regierungsarbeit zu ermöglichen, benötigt sie ausreichende und umfassende Informationen über die Arbeit der Regierung und derer Vorhaben und Absichten. „In der Verfassungswirklichkeit besteht auf dem Informationssektor keine auch nur annähernde Gleichgewichtslage zwischen beiden Staatsorganen. Vielmehr wird eine permanente Informationskrise des Parlaments konstatiert.“[15] Dieser Tatsache entgegenzuwir-

---

2011, Art. 62, Rn. 1; *Sachs* 2009, Art. 62, Rn. 18.

12 BVerfGE 67, 100 (139); 68, 1 (93 ff.); zur Auswärtigen Gewalt als Kernbereich der exekutiven Kompetenzen: vgl. *Gunter Warg*, Außenkompetenzen des Bundes und Mitwirkungsrechte des Parlaments, in: Jura 2002, 806 (808); *Juliane Kokott*, Kontrolle der auswärtigen Gewalt, DVBl 1996, 937 (937 ff.), siehe weiterhin Kapitel 2.4.

13 Vgl. *Uwe Thaysen*, Parlamentarisches Regierungssystem, Opladen 1976, S. 64 f.; *Norbert Achterberg*, Parlamentsrecht, Tübingen 1984, S. 438; *Friedrich Bischoff / Michael Bischoff*, in: *Hans-Peter Schneider / Wolfgang Zeh*, Parlamentsrecht und Parlamentspraxis, Berlin 1989, § 54, Rn. 59 ff.

14 *Wolfgang Rudzio*, Das politische System der Bundesrepublik Deutschland, Wiesbaden 2006, S. 197 f.

15 *Eckart Busch*, Parlamentarische Kontrolle. Ausgestaltung und Wirkung, Heidelberg 1983, S. 27.

ken, sind dem Bundestag zahlreiche Rechte auf Informationsbeschaffung zur Hand gereicht.

2.4 Der Kernbereich exekutiver Eigenverantwortlichkeit

Dem Informationsdrang des Parlamentes ist die Regierung, ob ihrer Informationsvormacht, zum Nachgeben gezwungen. Doch war es fraglich, wie weit das Fragerecht der Abgeordneten reiche. Erstreckt es sich bis auf die internen Protokolle und vorbereitenden Papiere der Regierung, auf Sitzungsprotokolle des Kabinetts, interne Überlegungen, Abstimmungsergebnisse, Vorbehalte, die Außenpolitik?

Das Bundesverfassungsgericht entwickelte zur Antwort den Kernbereich exekutiver Eigenverantwortlichkeit, der in der geschlossenen Sphäre der Regierung zu finden ist und dessen Vertraulichkeit unangetastet von parlamentarischen Informationsrechten bleibt. Interne Beratungen der Regierung bleiben verschlossen, ebenso wie Überlegungen und Planungen. Bezweckt werden soll durch diese Eigenverantwortlichkeit, dass die Regierung, die ein eigenständiges Verfassungsorgan und nicht bloß bestelltes Hilfsorgan des Bundestages ist, in ihrer Sinnfindung frei ist, ohne sich bereits in einem anfänglichen Stadium einer permanenten Kontrolle ausgesetzt zu fühlen. Das freie Debattieren und Anstellen von Überlegungen wird damit gewährleistet und ein „nicht ausforschbare[r] Initiativ-, Beratungs-, und Handlungsspielraum“[16] der Regierung soll garantiert sein. Zur Auslegung des unbestimmten Rechtsbegriffes des Kernbereiches exekutiver Eigenverantwortlichkeit unterscheidet das BVerfG zwischen noch laufenden und bereits abgeschlossenen Vorgängen. Die noch laufenden Vorgänge sind dem Informationsinteresse des Bundestages grundsätzlich entzogen. Über abgeschlossene Vorgänge, beendete Sinnfindung im Entscheidungsprozess des Kabinetts hingegen ist grundsätzlich den Abgeordneten auf Anfrage hin eine Beantwortung Pflicht der Bundesregierung. Die Regierung kann sich hier nur in einer Abwägung zwischen Informationsrecht des Parlamentes einerseits und Gefahr für die Einengung und Beeinträchtigung ihrer eigenen Funktionsfähigkeit und Eigenverantwortlichkeit andererseits auf den Kernbereich berufen.[17] Das Begehren nach Auskunft findet dann seine Grenze in der Eigenständigkeit der Exekutive. Wenn

---

[16] BVerfGE 67, 100 (139).

[17] Vgl. *Deutscher Bundestag*, Wissenschaftliche Dienste, Die Entscheidung des Bundesverfassungsgerichtes zum BND-Untersuchungsausschuss, Nr. 65/09 vom 28. Juli 2009, S. 2.

also die Beantwortung der Anfragen die tiefsten Interna der Regierung offenlegen würden und die Bundesregierung als Staatsorgan an sich in ihrer Arbeitsfunktion betroffen und beeinträchtigt wäre, dann hätte das Informationsrecht des Parlamentes das Nachsehen. Gleiches gilt für Umstände, in denen die Beantwortung der Anfrage der Parlamentarier, eine Bedrohung für das Staatswesen bei Veröffentlichung mit sich ziehen würde. Denn diese Beantwortung findet auf der öffentlichen Bühne des Bundestages statt. Staatsgeheimnisse und sensible Informationen auf diesem Weg zu unterbreiten böte ein zu großes Risiko und wäre schlechthin unklug.

In einer späteren Entscheidung erweiterte das BVerfG das Konzept des exekutiven Eigenbereiches auch auf grundsätzliche Bereiche des auswärtigen Politik. Während zwar dem Wortlaut des Artikel 59 GG folgend die auch der Bundestag zwingend mitzuwirken hat und zu beteiligen ist an völkerrechtlichen Verträgen, die der Bund, also in Praxis durch die Regierung und ihre außenpolitischen Einrichtungen wie dem Außenminister, Botschafter, Staatssekretäre, Vertretungen und Konsulate in den Ländern der Welt, schließt, ergibt sich daraus noch keineswegs ein umfassender Parlamentsvorbehalt.[18]

> „Art. 59 Abs. 2 Satz 1 GG [verleiht] den gesetzgebenden Körperschaften keine Initiativ-, Gestaltungs- oder Kontrollbefugnis im Bereich der auswärtigen Beziehungen. Der Vorschrift kann auch nicht entnommen werden, daß immer dann, wenn ein Handeln der Bundesregierung im völkerrechtlichen Verkehr die politischen Beziehungen der Bundesrepublik Deutschland regle oder Gegenstände der Bundesgesetzgebung betreffe, die Form eines der gesetzgeberischen Zustimmung bedürftigen Vertrages gewählt werden müsse“[19].

Wir sehen also, dass der Regierung ein Handlungsspielraum in der Außenpolitik eingeräumt und geschützt wird, der umfassend ist. Vergegenwärtigen wir uns: Aller diplomatischer Dienst in den Ländern, jegliche informellen Gespräche der Regierungsmitglieder oder Regierungsvertreter mit denen anderer Staaten, ungeschriebene Abmachungen, interne Debatten, Wirtschaftsabkommen – sofern sie nicht unter gesetzliche Vorbehalte gestellt sind – Regierungskonsultationen, gemeinsame Veranstaltungen, Krisentreffen und andere, sind der Regierung für ihren Bereich allein überlassen und geben dem Bundestag kein Recht „auf Initiative, Gestaltung und Kontrolle“. Nur für die Fälle, in denen internationale Abkommen mittels eines völkerrechtlichen Vertrages geschlossen werden, oder aber

---

18 Vgl. BVerfGE 68, 1 (85f.)

19 *Ibid*, S. 85.

auf europäischer Ebene die Europaverträge geändert werden, muss der Bundestag in einem gesetzgeberischen Akt der Zustimmung beteiligt werden. Dies ergibt sich aus den Artikeln 23 und 59 GG und wird in Kapitel 6 über die parlamentarische Kontrolle der Außenpolitik tiefgehend dargestellt. Ein allumfassender Parlamentsvorbehalt aber, der auch einen Einfluss des Parlamentes auf alle diplomatischen Beziehungen in all ihren verschiedenen Formen[20] böte, bleibt, ob dem Gewaltenteilungsgrundsatz der bundesdeutschen Demokratie, inexistent.

2.5 Über die Qualität einer Opposition

Bisher wurden bereits verschiedene Kontrollinstrumente des Parlamentes angerissen, und immer wenn es um deren Erörterung geht, ist ein Augenmerk auf die *Voraussetzungen* geheftet, die es benötigt, um *das Instrument einzusetzen*. Das Rechtsinstitut der Regierungsbefragung (schriftlich / mündlich) beispielsweise kann von jedem Abgeordneten als Einzelner eingesetzt werden, hier liegt die Hürde also sehr niedrig, was sich durch die hohen Zahlen der Anfragen, wie in Kapitel 4 analysiert wird, auch bestätigt hat. Das Misstrauensvotum mit gleichzeitiger Wahl eines neuen Kanzlers hingegen braucht gar die Mehrheit aller Mitglieder des Bundestages, um zu gelingen, hier liegt folglich eine weitaus höhere Hürde, die vor einem häufigen Einsatz zurückschrecken lässt. Wie ebenfalls festgestellt wurde, ist parlamentarische Kontrolle eine Aufgabe hauptsächlich der Opposition. Da sich diese von Wahlperiode zu Wahlperiode unterschiedlich gestaltet, ist es interessant zu fragen: Wann ist eine Opposition wirksam, wann hat sie die Voraussetzungen, echte Kontrolle auszuüben?

Natürlich, sobald eine Opposition aus einem Abgeordneten besteht, kann dieser seine mündlichen Fragerechte nach § 105 GeschOBT geltend machen. Ebenso steht ihm bereits als Einzelner das Recht auf Antrag einer Organstreitigkeit vor dem Bundesverfassungsgericht zu, da er gemäß Art. 93 I Nr. 1 GG i.V.m. § 63 BVerfGG als Teil des Bundesorganes Bundestag zählt. Doch schon in den spiegelbildlich besetzten Ausschüssen des Bundestages kann dieser einzelne Par-

[20] Letztlich kann man unter Außenpolitik alle Handlungen eines Staates verbuchen, „die auf Adressaten in anderen Staaten oder in internationalen Organisationen zielen." (*Jürgen Hartmann*, Internationale Beziehungen, Opladen 2001, S. 9) Für einen Staat von der Größe und der Bedeutung Deutschlands bedeutete eine allumfassende Beschäftigung des Parlamentes mit allen außenpolitischen Handlungen der Regierung einen solch enormen Arbeitsaufwand, dass es letztlich zu Doppelstrukturen der deutschen Außenpolitik käme. Dann wiederum stellte sich aber die Sinnfrage nach der Außenpolitik der Bundesregierung, wenn der Bundestag selbige nachvollzöge.

lamentarier unter Umständen nicht berücksichtigt werden. Eine Opposition, die *fünf von Hundert* der Abgeordnetenmandate des Bundestages erlangt hat, bekommt gleichsam die Möglichkeit, den Fraktionsstatus zu erreichen.

Der Fraktionsstatus ist gemäß § 76 I Geschäftsordnung Bundestag grundsätzlich nötig, um eigene Vorlagen, wie Gesetzesentwürfe, Beschlussempfehlungen, und andere einzureichen. Erst der Fraktionsstatus ermöglicht es, Kleine und Große Anfragen an die Regierung zu stellen. Gleichsam ist es einer Fraktion möglich, das ordentliche Zustimmungsverfahren zu Auslandseinsätzen der Bundeswehr im Bundestag zu erzwingen und somit das vereinfachte Zustimmungsverfahren zu verhindern.

Aber erst eine Opposition, die über ein Viertel der Mandate verfügt, kann die wirklichen Kontrollinstrumente einsetzen. Ab *fünfundzwanzig von Hundert* der Abgeordnetensitze kann eine Opposition das konstruktive Misstrauensvotum erheben (§ 97 I GeschOBT), einen Untersuchungsausschuss im Bundestag erzwingen (Art. 44 GG), eine abstrakte Normenkontrolle vor dem Bundesverfassungsgericht anstrengen, um ein ihr missliebiges und in ihren Augen verfassungswidriges Gesetz prüfen zu lassen (Art. 93 I Nr. 2 GG i.V.m. § 76 I BVerfGG). Besonders diese drei letzten Instrumente sind besonders wirkmächtig, führen sie schließlich im äußersten Fall zum Sturz einer Regierung, zur Nichtigkeit eines Gesetzes und zur – die Medienwirksamkeit sei nicht zu unterschätzen – öffentlichen Untersuchung und politischen Beurteilung von Skandalen und behördlichem, exekutiven Verhalten. Der Zahl der fünfundzwanzig von Hundert kommt hier entscheidender Charakter zu. Es kann die These aufgestellt werden: *Je kleiner die Opposition im Parlament, desto schwächer ist ihre parlamentarische Kontrollmacht.*

Selbstverständlich ist die Sitzverteilung einer Opposition von einem Abgeordneten oder von einer Opposition, die 5 % der Mandate erhielt nur theoretischer Natur, zumindest in pluralistischen Gesellschaften mit freien Wahlen und einem parlamentarischen Regierungssystem. Doch eine Opposition die unter die Anforderung eines Viertels der Bundestagsmitglieder fällt, ist keineswegs undenkbar. Nach Wahlentscheidungen, die zu einer großen Koalition führen, kann es durchaus geschehen, dass die Regierungskoalition zunächst über die benötigte Zweidrittelmehrheit für Verfassungsänderungen verfügt, oder aber über noch mehr Stimmen, was die Opposition unter ein Viertel der Mitglieder schrumpfen ließe.

Die Bundestagswahl 1965 brachte der Union einen Stimmenanteil von 47,6 % der Mandate ein, der SPD 39,3 % und der FDP 9,5 %. Weitere Parteien zogen nicht in den Bundestag ein. Zunächst bildeten Union und FDP eine Regierung, die jedoch im Herbst 1966 zerfiel und die Union mit der SPD für die restliche Zeit der Legislaturperiode eine Große Koalition bildete. Dies bedeutete im Umkehrschluss, dass die FDP mit ihren 9,5 % der Stimmen, was 50 von 518 Sitzen entsprach, die einzige Opposition bildete. Ihr war es demnach auch nur eingeschränkt möglich, parlamentarisch die Regierung zu kontrollieren. Untersuchungsausschüsse oder abstrakte Normenkontrollen waren ihr verwehrt. Auch nach der Bundestagswahl vom 22. September 2013 wäre im Falle einer Regierungsbildung durch Union und SPD eine solche Situation denkbar. Hier entfielen von 631 Sitzen 311 auf die Union (49,28 % der Sitze), 193 auf die SPD (30,58 % der Sitze), 64 auf Die Linke (10,14 % der Sitze) und 63 auf Bündnis 90/Die Grünen (9,98 % der Sitze). Eine Opposition aus den Gründen und Die Linke im 18. Deutschen Bundestag besäße zusammengenommen 20,12 % der Abgeordnetensitze und weniger als das nötige Viertel vom Hundert. Im Falle einer dritten großen Koalition wäre auch im 18. Bundestag die Opposition in ihrer parlamentarischen Kontrolltätigkeit eingeschränkt. Die aufgestellte These lässt sich insoweit bejahen, dass in Zeiten großer Koalitionen die Opposition in Gefahr gerät nur einen Teil der Kontrollinstrumente des Parlamentes zu nutzen und damit einhergehend eine qualitativ schwächere Kontrolle auf die Regierung ausübt. Erst eine Opposition, die über mehr als 25 von Hundert der Abgeordnetensitze verfügt, kann eine tatsächliche Kontrolle auf erbieten, ist auch qualitativ Opponent, im Sinne des Wortes, ist also qualitative Opposition.

3 Theorie der parlamentarischen Kontrolle

Über die *beherrschenden, legitimierenden* und *machtpolitischen* Umstände von Kontrolle im Rahmen eines Parlamentarismus; eines demokratischen und repräsentativen, und nicht zuletzt eben parlamentarisch ausgestalteten Staatswesens finden sich seit Jahrhunderten philosophische, rechtswissenschaftliche und politikwissenschaftliche Theorieansätze. Die klassischen Theorien und Kontrollbegriffe werden hier nun ebenso wie moderne Ansätze vorgestellt.

3.1 Legalität und das Prinzip der gleichen Chance bei Carl Schmitt

Begonnen werden soll allerdings mit einer Abgrenzung, einer Ablehnung wenn man so will von all dessen, was dieser Band unter einer parlamentarischen Kontrolle und einer qualitativen Opposition verstehen will, indem das Legitimitäts- und Staatsverständnis des umstrittensten deutschen Juristen des zwanzigsten Jahrhunderts, *Carl Schmitt*, untersucht wird. Anhand dessen kann klar verdeutlicht werden, in welche Richtung parlamentarische Kontrolle zu stoßen versucht, wo sie anzusetzen vermag und weshalb sie, in einem pluralistischen Staats- und Gesellschaftssystem, wie der Bundesrepublik Deutschland in unserer Zeit, notwendig ist.

Carl Schmitt, der abweichend der aristotelischen Typologie der Staatswesen, abseits der Demokratie den Begriff des *parlamentarischen Gesetzgebungsstaates* kreierte, geht von einem abweichenden Demokratiemodell aus, als es dies heute gedacht wird. Für Schmitt ist die Wahl der parlamentarischen Repräsentation, also des Parlaments, nicht im Sinne einer spiegelbildlichen Abbildung der unterschiedlichen Gesellschaftsinteressen – artikuliert durch die verschiedenen Parteien – gedacht, sondern viel mehr begründet er sein Staatsverständnis auf der Annahme, dass „[g]rundsätzlich [...] jede Demokratie, auch die parlamentarische, auf der vorausgesetzten durchgehenden, unteilbaren Homogenität [beruht].“[21] Diese Homogenität des Volkes nimmt er zur Voraussetzung, dass auch in der parlamentarischen Repräsentation jede Abstimmung sowie Gesetzgebung *„keine Überstimmung* der Minderheit [ist], sondern die [...] latent vorhandene und vorausgesetzte *Übereinstimmung* und Einmütigkeit zutage treten lassen [soll][Hervorhebung im Original].“[22] Daraus abgeleitet, so Schmitt, kann es in

---

[21] *Carl Schmitt,* Legalität und Legitimität, 8. Aufl., Berlin 2012 (1932), S. 40.
[22] *Ibid.*, S. 29.

einem diesem unteilbar gleichartigen Volk auch keine Minderheit geben.[23] Aufgrund der im Parlament gebildeten Übereinstimmung – nicht Mehrheit – kann es keine Minderheit, also in heutigen Worten auch keine Opposition, die zu schützen wäre, oder mit Minderheits- oder Schutzinstrumenten rechtlicher, verfassungsmäßiger Art ausgestattet wäre, geben.

Dem *Legalitätssystem des parlamentarischen Gesetzgebungsstaates* nach Schmitt folgend ist die daraus entstehende staatliche Macht legal und legitimiert, Gesetz und Recht zu geben, da die einmal gefundene Parlamentsmehrheit auf einen (nach wie vor homogenen, ungeteilten und nicht pluralistischen!) Volkswillen legitimatorisch zurückzuführen ist, woraus sich wiederum ableiten muss, dass „vor allem jedes Widerstandsrecht als Recht auf[zu]heben und [zu] verneinen“[24] ist. Weiter noch führt Schmitt aus: „Der Legalitätsanspruch macht jeden Widerstand und jede Gegenwehr zum Unrecht und zur Rechtswidrigkeit, zur „Illegalität“.“[25]

Schmitt verneint somit parlamentarische Minderheiten und Widerstandsrechte als inexistent. Er spricht sich – diesen Gedanken weiterführend – dafür aus, der überstimmten Parlamentsminderheit keine Schutzrechte oder ähnliche einzuräumen. Dies verdeutlicht auch Schmitts spätere Passage über die Minderheiten, die er durch Existenz einer absolut-überspitzten Art einer *volonté generale* (und dies nicht mehr im Sinne Rousseaus[26]) unterordnet. Im Gegensatz zu dem bei Rousseau durch Mehrheitsentscheid erwachsenden Allgemeinwillen konstatiert Schmitt eine „Unteilbarkeit des Volkes“. Aus dieser Unteilbarkeit des Volkes schließt

---

23 *Schmitt* 2012(1932), S. 29.

24 *Ibid.*, S. 30.

25 *Ibid.*, S. 31.

26 Zwar schreibt Jean-Jacques Rousseau, der Begründer der Volkssouveränität, in seinem Gesellschaftsvertrag, „[w]as die Souveränität unveräußerlich macht, bedingt auch ihre Unteilbarkeit. Denn der Wille ist entweder allgemein, oder er ist es nicht; er ist entweder der Ausdruck der Gesamtheit des Volkes oder nur der eines Teils davon“ (2. Buch, Kapitel II). Mit dieser Unteilbarkeit der Souveränität des Volkes meint Rousseau aber mitnichten eine einzig legitime, weil einstimmige Abstimmung des Volkes über eine Sache. Das Volk ist Souverän, weil die Gewalt, die letztlich der Ausführung, der Exekutive übertragen wird, vom Volk ihren Ursprung hat und jederzeit auch wieder zu diesem zurückgelangt, besteht das Interesse des Volkes daran. Das Volk kann seine Souveränität nicht an eine Regierung abgeben, es kann die der Regierung anvertraute Gewalt jederzeit beschränken, abändern und zurücknehmen. (3. Buch, Kapitel I) Das also ist unteilbare Souveränität. Was die Abstimmungen bei Rousseau anbelangt, so existieren für ihn sehr wohl auch abweichende Meinungen. Umso mehr Einstimmigkeit bei Abstimmungen herrscht, desto näher komme man dem Allgemeinen Willen (4. Buch, Kapitel II). Wenn Schmitt nun aber von einer Unteilbarkeit des Volkes ausgeht, also es keine Mehr- und keine Minderheiten existieren sollen, so überspitzt er Rousseaus Konzept des Allgemeinwillens, da sich dieser immer als Mehrheitsentscheid herauskristallisiert.

Schmitt auch eine Unteilbarkeit der Abstimmungen des Volkes, auch in einer parlamentarisch widergespiegelten Vertretung. Da es in der Realität jedoch trotzdem nicht zu homogenen Abstimmungsverhältnissen kommen kann, zieht Schmitt die parlamentarisch betrachtet fatale Konsequenz, die unterliegenden Stimmen, die Minderheit, schlichtweg zu ignorieren und als gegenstandslos zu betrachten.

> „Da es nun in einer Demokratie legitimerweise überhaupt keine dauernde und organisierte Teilung des Volkes in Mehrheit und Minderheit gibt, so gibt es auch keine gegenüber der Mehrheit dauernd schutzwürdigen und schutzbedürftigen Interessen. [...] Sobald der Gesichtspunkt einer derartigen Schutzwürdigkeit und Schutzbedürftigkeit inhaltlich bestimmter Interessen und Rechte maßgebend in die Verfassung eindringt, ist das demokratische Prinzip“[27] faktisch abgeschafft und ein „antidemokratisches Vertrauen ausgesprochen“[28]

Um dies zusammenzufassen: Schmitt begründet sein Verständnis von Parlamentarismus mit einer absoluten Homogenität des Volkes, welches sich abgeleitet ebenso im Parlament abzeichnet. Die dortig getroffenen Übereinstimmungen der Mehrheit sind aus diesem Gedanken heraus auch automatisch der Ausdruck des Volkswillens und erlangen kraft dieser Tatsache eine unumstößliche Legalität und Legitimität. Und wiederum kraft dieser Legitimität kann es keinen Minderheitenschutz, keine Rechte und keine Interessen der Minderheit geben, die dieser Legitimität zuwiderlaufen.

> „Entweder verfügt ein einziger Machtkomplex über die erforderlichen [...] Mehrheiten, dann ist alles, was er tut, ohne weiteres legal, und für alle gegnerischen Parteien gibt es keinen Schutz mehr [...]. Oder die erforderliche Mehrheit kommt erst durch einen Kompromiss mehrerer heterogener Parteikomplexe zustande. Dann ist Gesetz der jeweilige Kompromiß heterogener Machtklumpen.“[29]

Wo Carl Schmitt einen Minderheitenschutz strikt verneint, fordert er im gleichen Zug mit selbiger Vehemenz die gleiche und reell bestehende Möglichkeit der unterliegenden parlamentarischen Minderheit mit ihren Meinungen und Gruppierungen auf eine spätere Mehrheit und demnach eine verwirklichte Regierungstätigkeit.

---

27 *Schmitt* 2012(1932), S. 41.
28 *Ibid.*
29 *Ibid.*, S. 42.

> „Die Offenhaltung der gleichen Chance läßt sich aus dem parlamentarischen Gesetzgebungsstaat nicht wegdenken. Sie bleibt das Gerechtigkeitsprinzip und die existenznotwendige Selbsterhaltungsmaxime“[30]

Das Problem bei Schmitt ist, dass er bereits zur Zeit des Erscheinens von „Legalität und Legitimität“ 1932 die Realitäten übersieht. Kein Volk, und gerade das Volk der Weimarer Republik mit seinen unendlich im Zwist liegenden Parteien und Gruppierungen, ist homogen und trägt einen einzigen allgemeinen Willen. Und so verhält es sich auch mit der Repräsentanz im Parlament. Die verschiedenen Parteien sind schließlich eben dieser Ausdruck und Ausfluss der verschiedenen heterogenen Meinungen des Volkes. Dieser Realität folgend, die Koalitionen mehrerer, aber gewiss nicht aller vertretenen Meinungen zulässt, trägt Parlamentarismus auch für die nicht beachteten, oppositionellen Repräsentanten Rechte und Möglichkeiten, die, da aufgrund der Heterogenität des Volkes auch kein unendlicher Legitimitätsanspruch der Parlamentsmehrheit erhoben werden kann, Parlamentsmehrheit und die daraus gebildete Regierung zu kontrollieren und Abwehrrechte gegenüber dieser zu haben.

Schmitts Prinzip der gleichen Chance vermag dies nicht zu kompensieren. Eine für alle Bewerber im demokratischen Wettbewerb gleiche Chance auf den Regierungsauftrag ist, in einer Demokratie, eine Selbstverständlichkeit. Das Vertrauen der parlamentarischen Minderheit auf ihre gleichgroße Chance zur Mehrheitsbildung in der nächsten Wahlperiode stellt keine effektive Machtbegrenzung und Kontrolle in der laufenden Wahlperiode.

---

[30] *Schmitt* 2012(1932), S. 42.

3.2 John Locke und die Gewaltenteilung

Beginnt man nun mit den theoretischen Betrachtungen parlamentarischer Kontrolle, scheint es logisch zunächst den Grundbegriff der Gewaltenteilung darzulegen, bevor man sich der späteren Verschränkung und Verzahnung, Kontrolle und Kompetenzen der Gewalten widmet.

Für Locke ist die Begrenzung von Herrschaft ein zentrales Thema. Der Machtmissbrauch stellt für ihn die schlimmste Fehlentwicklung eines Gemeinwesens dar.[31] Der Mensch bei Locke in seinem Naturzustand ist frei und gleich, es gibt keine Herrschaft und kein Herrschaftssystem. Darüber hinaus aber bleibt der Mensch frei und gleich auch nach Verlassen des Naturzustandes und mit Eintritt in die kontraktualistische Sphäre, was Locke dazu führt, dass jegliche Herrschaft nur dann legitim sein kann, wenn sie von den Unterworfenen akzeptiert und anerkannt wird.[32] Aus diesem Naturzustand heraus überträgt der Mensch die politische Gewalt (Locke benutzt noch nicht den Begriff der Souveränität) auf zu schaffende Organe, und verzichtet „zugunsten einer gemeinsamen Instanz, die mit der bürgerlichen Gesellschaft entsteht, auf [seine] natürliche Gewalt zur Selbstverteidigung und zur Vollstreckung [seiner] Urteile über das Verhalten anderer."[33] Die zu schaffenden Organe – die Gewalten – sind durch das eindeutige Prinzip der Überordnung der Legislative geprägt.[34]

Die legislative Gewalt, Vertretung des souveränen Volkes, mit der Aufgabe versehen, das Recht, die gesellschaftlichen Normen zu schaffen, ist so die höchste Gewalt im Staat, die „Seele, die dem Staat Form, Leben und Einheit verleiht"[35], sie bestimmt, wie die staatliche Macht eingesetzt wird und erzeugt zu diesem Zwecke Normen und Verbindlichkeiten für die Bürger. Die Legislative setzt diese Normen aber eben nicht selbst um, sondern überträgt diese Umsetzung, Ausführung auf die ebenso zu schaffende exekutive Gewalt. Weil die Legislative die Exekutive einsetzt und unter den Primat des Gesetzes stellt, darf sie die Exekutive auch kontrollieren, und bleibt auf diese Weise immer Herr über die Umsetzung der Gesetze.[36]

---

31 Vgl. *Walter Euchner*, John Locke, in: *Hans Meier / Horst Denker*, Klassiker des politischen Denkens, Bd. 2, 3., überarb. Aufl., München 2007, S. 15-30, hier 23.

32 Vgl. *Walter Euchner*, 2007, S. 17.

33 *Rainer Specht*, John Locke, 2., überarb. Aufl., München 2007, S. 163.

34 Vgl. *Peter Niesen*, Volkssouveränität als Herrschaftsbegrenzung: Lockes Theorie des Verfassungsstaates, in: *Michaela Rehm / Bernd Ludwig* (Hrsg.), John Locke. Zwei Abhandlungen über die Regierung, Berlin 2012, S. 131-152, hier 132.

35 *John Locke*, Zwei Abhandlungen über die Regierung, Abhandlung II, § 149, 212.

36 Vgl. *Locke* II, § 87; Niesen 2012, S. 132.

Die ausführende Gewalt bei Locke gilt als „funktional selbständige, organisatorisch unterschiedene und einer anderen zeitlichen Logik unterworfene"[37] Instanz. Ihre strenge Unterordnung gegenüber der Gesetzgebungsherrschaft verdeutlicht ihre nach Belieben vorgenommene *Einsetzung, Absetzung, Strafung oder organisatorische Veränderung durch die Legislative.*[38] Insgesamt beschreibt Locke nur ein schwach umrissenes Bild der Exekutive, legt sich nicht fest, ob von einer Person oder von einem Kabinett geleitet. Vielmehr legt Locke das Augenmerk auf das Verhältnis von Regierung zu Legislativgewalt.[39] Die Legislative verzichtet, nachdem sie bereits die Gewalt der Rechtssetzung innehat, auf das weitere Recht, diese Gesetze auch auszuführen. Behufs der anderweitig entstehenden Konzentrationswirkung der Macht wäre im Angesicht der „Schwäche der menschlichen Natur, die stets bereit ist, nach der Macht zu greifen"[40] einer Verquickung von Gemeinwohlorientierung und Individualinteresse des Herrschenden Tür und Tor geöffnet. Die Exekutive führt getrennt von der gesetzgebenden Gewalt die Gesetze, denen sie selbst untergeordnet ist, aus.

Während die Legislative jedoch nur *anlassbezogen* und dann gesetzgeberisch, also rechtsetzend zusammentritt, führt die Exekutive ihre Aufgabe stets aus, regiert also *permanent* und nicht nur in bestimmten Zeitphasen, „because those laws […] are constantly to be executed"[41].

Durch ihre unterschiedliche, auch in Zeitintervallen gedachten, Aufgaben – Legislative, die zu bestimmten Zeitpunkten, „relativ schnell" Gesetze ausfertigt und Exekutive als andauernde Ausführung derer Gesetze – entsteht die Separation, die Trennung der Gewalten.[42]

Ein weiterer äußerst interessanter Theorieaspekt in Lockes *Treatises* ist die sogenannte *föderale – oder Föderativgewalt.* In den Beziehungen der Gesellschaft und des Staates zu anderen, äußeren Gesellschaften und Staaten tritt die *federal power* in Erscheinung. Sie befindet über Krieg und Frieden, Allianzen und allen anderen Interaktionen mit außenstehenden sozialen oder gouvernementalen Institutionen.[43] Sie betreibt also, was wir unter Außenpolitik verstehen. Locke befindet, dass die föderale Gewalt und die exekutive Gewalt, aufgrund ihrer

---

37 *Niesen* 2012, S. 142.

38 Vgl. *Locke* II, § 153.

39 Vgl. *Paul Kelly*, Locke´s Second Treatise of Governement, London, New York, S. 117.

40 *Locke* II, § 143, zit. nach *Walter Euchner*, Naturrecht und Politik bei John Locke, Frankfurt am Main 1979, S. 201.

41 *Locke* II, § 143, 144.

42 Vgl. *Locke* II, § 144.

43 Vgl. *Locke* II, § 146.

inhaltlichen Nähe zur Ausübung der tätigen Staatsgewalt, einer häufigen Verzahnung ausgesetzt sind, dass beide fast eine Einheit bilden[44], trennt beide Belange trotzdem in zwei Gewalten. So steht also die Außenpolitik eigenständig neben der ausführenden Gewalt. Locke sieht es als beinahe unmöglich an, die Gewalten zu trennen und sie gleichzeitig einer bestimmten Person zu übertragen. Sein Gedanke führt ihn weiter zu der Überlegung, die Gewalten auf verschiedene Personen aufzuteilen. So würde also die Gesetzesausführung von der Außenpolitik getrennt werden, mit dem Ergebnis, dass die politische Gewalt, ursprünglich von den Menschen abgeleitet, auf diese zwei Gewalten aufgeteilt würde.[45] Dies ist insoweit einer Überlegung wert, wie wir die Aufteilung der Exekutive in heutigen semipräsidentiell geprägten Regierungssystemen, beispielsweise in Frankreich kennen. In solchen Systemen ist es zumeist der eigens durch Wahl direkt legitimierte Staatspräsident, der für die Außenpolitik oder Kriegseinsätze zuständig ist und nicht die Regierung. In parlamentarischen Regierungssystemen finden wir diese Kompetenz bei der aus dem direkt gewählten Parlament hervorgehenden, also indirekt legitimierten, Regierung.

Was Locke mit seinen Zwei Abhandlungen an theoretischer Grundlage geschaffen hat ist von unmessbarem Wert für die gesamte Entwicklung der parlamentarischen Demokratie. Das Prinzip der Machtbegrenzung und die funktionale Trennung der Staatsaufgaben in Gesetzgebung und Gesetzausführung bei gleichzeitiger Unterwerfung aller politischen Organe unter ihre eigenen Gesetze ist für Überlegungen des Parlamentarismus aller Ausgangspunkt.

3.3 The liberal constitutionalists

Die hier unter dem Ausdruck der *liberal constitutionalists* zusammengefassten Autoren der klassischen – ursprünglich im Vereinigten Königreich Großbritannien als immerhin erste parlamentarische Demokratie entstandenen – Verfassungslehre[46] setzten sich mit den grundsätzlichen Trennungen und Zusammenspielen und Verflechtungen der Gewalten im Staat auseinander, und entwickelten dabei

---

[44] Vgl. *Locke* II, § 147.

[45] Vgl. *Locke* II, § 148.

[46] Hier wird bewusst vom Begriff der *Verfassungs*lehre gesprochen, zu trennen vom Ausdruck der *Staats*lehre, der sich in etymologischer, wie auch geistiger Abgrenzung in der deutschen Rechtswissenschaft im zwanzigsten Jahrhundert entwickelte und in dieser Form in den außerdeutschen Rechtslehren weitgehend unbekannt ist. Siehe dazu den hervorragenden Beitrag *Christoph Möllers*: "Der vermisste Leviathan. Staatstheorie in der Bundesrepublik", S. 9f.

eine Lehre der *constitution,* die sowohl klar abgegrenzte Bereiche der Regierung (*the cabinet*) und des *parliament* kannte, und gleichsam auch Vorrechte, seien es die Parlamentsfunktionen, seien es Kontrollinstitute, des *souvereign*, der Volksvertretung postulierte.

3.3.1 Walter Bagehot

Mit „The english constitution" von 1873 schuf Walter Bagehot eine klassische Darstellung, teilweise in selbstbewusstestem Stil verfasst, der Verfassungsorgane Großbritanniens und deren Ineinandergreifen und Funktionieren.

In seiner, aus heutiger Sicht, funktionalistischen Darstellung der Organe sieht er deutlich das Parlament, explizit das *House of Commons*, als den Souverän der britischen Verfassung.[47] Das *parliament* besitzt nach Bagehot fünf originäre Funktionen. Die Hauptfunktion ist die der Wahl, „it [the House of Commons] elects the people it likes."[48] Dabei kommt den einzelnen Parlamentariern eine nicht zu unterschätzende Rolle zu. Das Parlament versteht er als Mittler zwischen Volk und Regierung, wodurch der Wahl der Regierung ein erheblicher Machtvorgang innewohnt. Dabei ist den Abgeordneten ein freies Mandat eingeräumt, denn nur eine *frei gewählte Regierung kann auch eine freie Regierung sein.*[49] Die freie Wahl der Abgeordneten, ohne imperative Rückkoppelung an das Wahlvolk sieht Bagehot unproblematisch: „When the choice of a nation is fixed on a statesman, Parliament will fix upon him too."[50] Das Parlament, wenn es frei ist, stellt sich nicht gegen den Wahlwillen des Volkes. „On the whole, I think it indisputable that the selecting task of Parliament is performed as well as public opinion wishes to be performed".[51]

Aus dem Recht zur Wahl der Regierung folgt ebenso auch das Recht zur Abwahl der Regierung.[52] Diese zentrale Aussage im Institutionengefüge des repräsentativen Parlamentarismus nutzt Bagehot jedoch weiter zu seiner Ableitung, dass solange kein Kabinett abgewählt, und ein neues eingesetzt, das Parlament auch dem Gewählten folgen muss. Er nennt dies *perpetual potential choice.*

---

47 *Walter Bagehot*, The english constitution, 2. Aufl., Boston 1873, S. 199.
48 *Bagehot* 1873, S. 194.
49 *Ibid.*, S. 221f.
50 *Ibid.*, S. 223.
51 *Ibid.*, S. 224.
52 *Ibid.*, S. 204.

> „Change your leader if you will, take another if you will, but obey Number One while you serve Number One, and obey Number Two when you have gone over to Number Two.“[53]

Die zweite Funktion, ist die *expressive function*, die den Wählerwillen vermitteln soll und in Politik umsetzen vermag. Die dritte Parlamentsfunktion sieht Bagehot in der *informing funktion*, also der Kommunikation der Politik als Rückkoppelung an das Volk. Die politischen Entscheidungen sollen erklärt und über die Vorgänge berichtet werden. Beide Funktionen werden in der jüngeren Parlamentarismustheorie teilweise zu einer Funktion zusammengefasst[54], teilweise nach ebenselben Muster getrennt. Viertens beschreibt Bagehot die *teaching function*, die er als eine Art Lehrfunktion der Parlamentarier gegenüber dem Volk, dem sie Vorgänge und Umstände erklären sollen, die sie nicht kennen definiert– „to teach the nation what it does not know.“[55] Eine Abgrenzung zu den beiden zuvor beleuchteten Funktionen erschient hier manchmal schwierig, was Bagehot selbst auch einräumt und was stets im Einzelfall zu diskutieren und zu bewerten sei. An fünfter Stelle behandelt er die *Gesetzgebungsfunktion*, die er im Range der Wichtigkeit allein unter der Aufgabe der Staatsorganisation der Exekutive unterordnet.[56] Die Gesetze sind das was dem Staat das Leben einhaucht, jedes einzelne hat seine *„single importance“*.[57] Ablehnend steht Bagehot den Stimmen gegenüber, die eine sechste, eigenständige, Funktion in der Finanzkontrolle oder auch Budgetrecht genannt erkennen wollen. Für ihn ist sie nur – selbstverständlich von enormer Wichtigkeit an sich – Teil der Gesetzgebung als solche.

Bagehot sieht die gesamte Politik des britischen parlamentarischen Systems von „action and reaction between the Ministry and the Parliament“[58] geprägt. Er konstatiert, „the power of the leaders over the followers is strictly and wisely limited“[59]. Nicht allein durch das Recht, jederzeit die Regierung abzuberufen, oder durch die Gesetzgebung (Finanzkontrolle) an der Regierungsarbeit mitzuwirken, erhält das House of Commons seine herausragende Stellung. Gleichsam der modernen politikwissenschaftlichen Regierungslehre sieht Bagehot das *effiziente Geheimnis* der englischen Verfassung nicht in der Trennung der legislativen

---

53 *Ibid.*
54 Siehe vergleichend Kapitel 2.2.
55 *Bagehot* 1873, S. 196.
56 Vgl. *ibid.*, S. 198.
57 *Ibid.*
58 *Ibid.*, S. 195.
59 *Ibid.*, S. 203f.

und exekutiven Verwaltung, sondern in deren Annäherung, Verschränkung und Abhängigkeit, in seinen Worten der beinahe kompletten Fusion.[60] Die aus dem Parlament hervorgehende Regierung ist üblicherweise eine Auswahl von Personen, die die Zustimmung und das Vertrauen der Legislative fanden. Das Kabinett wiederum, in Bagehots Sicht, wird erwählt aus der Legislative mit dem Auftrag die Exekutive zu sein, die Verwaltung des Staates zu kontrollieren, wodurch die Regierung sowohl Teil der Legislative als auch der Exekutive ist, im Sinne eines *connecting link* und ausgestattet als *a board of control chosen by the legilature*, einer Kontrollinstanz über die Exekutive, aufgestellt von dem Parlament.[61]

Weiterhin beschreibt bereits Bagehot die Grundzüge einer exekutiven Eigenverantwortung, auf die das Parlament keinen Zugriff hat. So ist über die Arbeit des Kabinetts an sich wenig bekannt, die Regierungstreffen sind geheim, öffentliche Sitzungen finden nicht statt und selbst Notizen oder Protokolle sind nicht einzusehen. Selbst in turbulentesten Zeiten ist es dem House of Commons verboten, die Abschriften der Treffen zu lesen. Eine Folge von repräsentativen Regierungssystemen ist das Entstehen einer Opposition. Dies erkannte auch Bagehot, welcher sie treffend *critical opposition* nannte.

> „The great scene of debate, the great engine of popular instruction and political controversy, is the legislative assembly. A speech there by an eminent statesman [...][is] the best means yet known for arousing, enlivening, and teaching a people. [...] It brings forward men eager to speak, and gives them occasions to speak."[62]

Hier verweist Bagehot auf die Funktion des Parlaments, die Bevölkerung über Vorgänge zu unterrichten und zu informieren, eine zentrale Aufgabe, da sie die demokratische Rückkoppelung gewährleistet und *eine Kontrollinstanz der Opposition* insbesondere darstellt, denn eben der kritischen Opposition ist daran gelegen, auf Fehler der Regierung hinzuweisen und sich selbst als zukünftige Regierung ins Spiel zu bringen[63].

Ermöglicht wird diese Informationsfunktion gegenüber der Bevölkerung durch ein Informationsrecht der Parlamentarier – mithin ein oder das Herzstück von *parliamentary control.* Bagehot beschreibt dies auf seine eigene Art mit den

---

60 Vgl. *ibid.*, S. 76.
61 Vgl. *ibid.*, S. 76ff.
62 *Bagehot* 1873, S. 85.
63 Vgl. *ibid.*

Worten: „There is no limit to the curiosity of Parliament.“[64] Die Gründe für die umfangreiche Wahrnehmung der Fragerechte von Abgeordneten sind für Bagehot verschiedene – wahres Interesse an der Antwort der Regierung, den Drang selbst in der Zeitung zu stehen, um zu zeigen, dass sie eine aufmerksame und kontrollierende Institution sind, aus Selbstinteresse, oder um selbst in der nächsten Regierung zu sitzen – egal welches motiv es ist, „a proper reply must be given.“[65]

> „The minister of the day will have to give an account in Parliament of all branches of administration, to say why they act when they do, and why they do not whey they don´t.“[66]

Mit diesen Rechten ausgestattet kann die Opposition – und Bagehot ist hier weniger Theoretiker als politischer/politikwissenschaftlicher Realist – die große Bühne eröffnen. Sie hält Reden, verlangt die Unterlagen der Verwaltung, die Zeitungen springen mit auf und fordern Aufklärung in ihren Artikeln. Die Opposition hat „the unrestrictet selection of the point of attack“[67], die selten ausgelassen wird. Wie präzise Bagehot mit seiner Einschätzung lag, lässt sich leicht nachvollziehen, wirft man allein einen Blick auf die Legislaturperiode des 17. Bundestages, in der zwei Bundespräsidenten und drei Minister zurücktraten[68], respektive einer entlassen wurden, und vier Untersuchungsausschüsse eingesetzt wurden (Gorleben, Terrorgruppe nationalsozialistischer Untergrund, Kunduz, Euro Hawk)[69] und betrachtet man dazu alle Berichterstattung rundherum.

3.3.2 Sir William Anson

Sir William Anson, britischer Jurist, Parlamentsabgeordneter und Professor an der Universität Oxford untersuchte in seinem Werk *The Law and Custom oft the Constitution*, dass in zwei Bänden, *The Parliament* und *The Crown*, erschien, das verfassungsrechtliche Gefüge Großbritanniens. Das im Grunde dreibändige Werk

---

64 *Ibid.*, S. 243.
65 *Bagehot* 1873, S. 243.
66 *Ibid.*
67 *Ibid.*, S 244.
68 Vgl. Geschichten vom öffentlichen und heimlichen Schämen, in: Das Parlament, Jg. 63 (2013), H. 29-31, S. 9; sowie *Helmut Stoltenberg*, Drei Präsidenten in nur drei Jahren, in: ibid., S. 10.
69 Vgl. *Deutscher Bundestag*, Untersuchungsausschüsse, erreichbar unter: <http://www.bundestag.de/bundestag/ausschuesse17/ua/index.jsp>, aufgerufen am 14.07.2013.

(*The Crown* erschien in zwei Teilen) wurde zu einem Klassiker der britischen Verfassungslehre. In seinem ersten Band *The Parliament* geht Anson auf die Kontrollfunktion des House of Commons ein, was nun dargestellt wird.

Ähnlich wie Bagehot geht Anson von Parlamentsfunktionen aus, von denen er die Gesetzgebungsfunktion als die wichtigste und hervorgehobene sieht.[70] Die Gesetzgebungsfunktion ordnet Anson als eine erste, direkte Kontrolle über das Verhalten der Regierung ein, da sie im Gegensatz zur öffentlichen Debatte, die nur indirekt kontrollierend wirkt, „direct and absolut"[71] ist. Mittels der Gesetzgebung kann das Parlament direkte Regeln erlassen, denen sich die Regierung fügen muss.

Anson sieht im britischen Parlamentarismus zwei Arten von Kontrolle, die dem House of Commons zustehen. Dies sind einmal die rechtlich verankerten Institute, wie das Impeachmentverfahren, bei dem aus dem House of Commons das Verfahren zur Absetzung eines Amtsträgers aus seinem Amt eingeleitet werden kann[72] und zum anderen nicht-rechtliche, also vielmehr politisch-faktische Möglichkeiten. Ein Minister lebe unter der ständigen Kritik des Parlamentes und kann sein Amt allein in Abhängigkeit vom „goodwill" des House of Commons ausüben.[73] Die permanente Kritik ist nach Anson vor allem die Kritik der Parlamentsminderheit. Und diese ist gefärbt durch den Willensbildungsprozess der Parteienorganisationen.

Bereits in der Wahl der Minister sieht Anson ein bedeutsames Instrument des Parlamentes.

> „The Commons desired to control these executive powers by securing the nomination and election in Parliament of the chancellor and the lord privy seal, through whom chiefly the royal will was expressed; of the treasurer, who was responsible for the public income and expenditure; of the chamberlain, whose official duties were varied and important; and of the steward of the household, who was responsible for the economy of the Court and the maintenance of the royal state."[74]

---

70 Vgl. *Sir William Anson*, The Law and Custom of the Constitution, Bd. 1, 4. Aufl., London 1911, S. 240.

71 *Anson* 1911, S. 240.

72 Vgl. *Anson* 1911, S. 363f.

73 Vgl. *Anson* 1911, S. 385.

74 *Sir William Anson*, The Law and Custom of the Constitution, Bd. 2, Part I, 3. Aufl., London 1907, S. 20.

In seiner Entwicklung hat sich das Parlament weiterhin selbst seine Kontrollrechte erkämpft.

> „By requiring an audit of accounts the Commons endeavoured to enforce ministerial responsibility and the right use of public money. By the process of Impeachment they dealt with such political offences as were outside the ordinary course of law."[75]

Anson ist im besonderen Licht der liberalen Theorie des englischen Konstitutionalismus zu sehen und gilt als Vertreter einer liberalen Theorie der parlamentarischen Kontrolle über die Außenpolitik.[76] Der Theorie nach haben die Minister des Äußeren dem Parlament Berichte zu erstatten, Fragen zu beantworten und entsprechende Papiere vorzulegen.[77] Anson zufolge hat das Parlament auch einen wichtigen Einfluss auf Verträge und Abkommen, auch im Falle von Friedensschlüssen. So sollen ihm zufolge die Verträge mit anderen Staaten zu ihrer Wirksamkeit vom Parlament ratifiziert werden.[78] Auch hinterfragt er, ob es im Sinne des englischen Konstitutionalismus sei, wenn der König Krieg und Frieden ohne Befragung des Parlamentes beschließt.[79]

> „No one but the King can bind the community by treaty, but can he always do so without the co-operation of Parliament? It would seem to follow from the general principles of our constitution that a treaty which lays a pecuniary burden on the people or which alters the law of the land needs Parliamentary sanction."[80]

Sir William Anson geht in seinen zwei Werken tiefgreifend auf die Entwicklung des britischen Parlamentarismus ein und zeichnet die schrittweise Erlangung von mehr und mehr Mitsprache- und Entscheidungsrechten für das Parlament nach.

Anson gilt in dieser Übersicht als ein klassischer Vertreter der liberalen Staatstheorie und reiht sich ein in den Pfad, den bereits John Stuart Mill beschritten hatte.

---

75 *Anson* 1907, S. 20.

76 Vgl. *Eugene Parker Chase*, Parliamentary Control of Foreign Policy in Great Britain, in: The American Political Science Review, Jg. 25 (1931), S. 861-880, hier S. 861.

77 Vgl. *ibid.*

78 Vgl. *Anson* 1907, S. 54.

79 Vgl. *Sir William Anson*, The Law and Custom of the Constitution, Bd. 2, Part II, 3. Aufl., London 1908, S. 103f.

80 *Ibid.*

3.4 Egon Zweig und die Korollartheorie

Nemo plus iuris transferre potest quam ipse habet. Dieser Grundsatz aus dem corpus iuris civilis, den man mit „Niemand kann mehr Rechte übertragen, als er selbst besitzt." übersetzen kann, ist gleichsam die Grundlage für Egon Zweigs Bewertung der Umfänglichkeit der Rechte parlamentarischer Enqueten.

> „Schon aus der Definition des parlamentarischen Enqueterechts ergibt sich die dynamische Natur der Einrichtung. Sie erscheint als logisch oder juristisch notwendiges Korollar der der Volksvertretung zugewiesenen Tätigkeit, als sachliche Vorbereitung und Ergänzung jener Formalakte, in welchen ein Parlament seine verfassungsmäßige Zuständigkeit verwirklicht."[81]

Das Korollar bezeichnet dem Duden der deutschen Rechtsschreibung zufolge einen „Satz, der selbstverständlich aus einem bewiesenem Satz folgt"[82]. Umgemünzt auf das Parlamentsrecht meint die Korollartheorie, ein vom Plenum eingesetzter Ausschuss kann stets nur im Rahmen der Möglichkeiten handeln, die dem Plenum in Gänze bei der Ausübung einer gleichen Untersuchung, Informationsbeschaffung, Zeugenbefragung zustünden.

> „Andrerseits eröffnet sich grade von hier aus auch die Möglichkeit parlamentarischen Unrechts im Sinn der Überschreitung verfassungsmäßiger Kompetenzen. Da die Volksvertretung in ihrer Informationsbefugnis an ihre allgemeine Zuständigkeit gebunden ist, jene nur als Reflex dieser erscheint, handelt sie rechtswidrig und, sofern diese Beziehung grundgesetzlich fixiert ist, auch verfassungswidrig, wenn sie die Untersuchungsfunktion über den Kreis ihrer ordentlichen Zuständigkeit erstrecken will"[83]

Die Enquete, welche sich über ihre verfassungsmäßigen Kompetenzen hinwegsetzt, macht sich des „Mandatsexcesses" schuldig[84] und übertritt ihren Einsetzungszweck des untersuchenden Hilfsorganes des Parlamentes. Ein Ausschuss wird vom Plenum gebildet, er entwickelt sich dadurch jedoch nicht zu einem eigenständigen Organ, sondern bleibt der Aufgabe verhaftet, eine Parlamentsfunktion auszuüben.

---

81 *Egon Zweig*, Die parlamentarische Enquete nach deutschem und österreichischem Recht, in: Zeitschrift für Politik, Jg. 7 (1913), Sechter Band, Berlin, S. 267

82 *Duden*, Die deutsche Rechtschreibung, Stichwort Korollar, Mannheim / Leipzig / Wien / Zürich 1996, S. 430.

83 *Zweig* 1913, S. 271.

84 Vgl. *ibid.*

Nach Zweig gibt es drei Arten von Enqueten. Zunächst benennt er, was in der bundesrepublikanischen Ordnung Wahlprüfungsausschuss genannt wird und gemäß Art. 41 I GG Kompetenz des Bundestages selbst ist, die Wahlenquete, die „den Vorgang der Mandatserteilung zu prüfen“[85] hat. Als zweiten Enquetetyp erkennt Zweig die klassische Kontrollfunktion der Volksvertretung bezüglich jeden Aktes der Exekutive. Dritte Art der Enqueten nach Zweig sind die „Gesetzgebungsenquete[n]“[86] Sie dienen der Vorbereitung des Gesetzgebungsverfahrens, der Informations- und Tatsachenermittlung und Sammlung, die es dem Parlament letztlich ermöglichen soll, auf fundierter Basis legislativ tätig zu werden.

Zwar ist die sprachliche Begriffszuordnung Zweigs im 17./18. Bundestag überholt, und niemand spricht mehr von Gesetzgebungsenqueten, wenn er beispielsweise den Finanzausschuss des Deutschen Bundestages meint, aber mithin ist der Sinn der Worte geblieben. Der Bundestag ruft nach jeder Bundestagswahl zwingend den Wahlprüfungsausschuss zusammen. Dieser, als Korollar zum gesamten Plenum hat die ebengleichen Rechte aus Art. 41 I GG, aber nicht darüberhinausgehende. Der Bundestag hat das Recht auf Bildung von Untersuchungsausschüssen, ein Recht mit Verfassungsrang (Art. 44 GG), und deren, der Untersuchungsausschüsse, Tatsachenfindungskompetenz erstreckt sich ebensoweit, wie die des gesamten Parlaments.

Das Gesetz, dass den Geschäftsgang der Untersuchungsausschüsse regelt, das Gesetz zur Regelung des Rechts der Untersuchungsausschüsse des Deutschen Bundestages (PUAG), beinhaltet übrigens einen Rückgriff auf eben jene Korollartheorie Egon Zweigs. In § 1 III heißt es: *Ein Untersuchungsverfahren ist zulässig im Rahmen der verfassungsmäßigen Zuständigkeit des Bundestages.*
Zweigs Theorie hat bis heute Bestand.

3.5 Max Weber

Politische Theorie ist immer auch politische Ansicht. Und politische Ansichten hängen von den Menschen ab, die sie in sich tragen. Der allseits in den Sozialwissenschaften bemühte Max Weber findet auch an in diesem Band seinen Einfluss. Denn Max Webers Ansichten, nicht allein über den deutschen Parlamentarismus, aber eben auch für diesen, bewiesen im 20. Jahrhundert einen erheblichen Einfluss, gleichsam wie sein Wirken für die gesamte Sozialwissenschaft. Ein

---

85 *Zweig* 1913., S. 267.
86 *Ibid.*, S. 268.

Grundgedanke ist es in seinen politischen Schriften, der ihm keine Ruhe lässt, auf den er immer wieder beharrlich zurückzukommen vermag: die Kontrolle des das Volk beherrschenden Beamtentums. Max Webers Rufen nach Kontrolle der Exekutive[87] bringt ihn zum Geisteszustand des Parlaments zur Zeit des Erscheinens des Buches, inmitten der Revolution von 1918. Für den „neugeordneten" deutschen Staat nach der Revolution fordert er ein wahren Parlamentarismus, ein wirksames Parlament, welches nicht mehr, wie im Kaiserreich und unter Bismarck negative Politik betreibt, sondern einen Reichstag, der Macht und Funktionen ausübt. Ein Parlament, dass sich allein auf Zustimmung zu einem Butgetplan und im Übrigen auf hohle Beanstandung und lauthalse Kritik, darüber hinaus aber nichts weiter, beschränkt, übt nach Weber nur negative Politik aus. Ein Wille oder die Macht zu Gestaltung und Beeinflussung von Politik erkennt Weber in dieser Art Parlament nicht. Der Reichstag des Kaiserreiches sei ein eben solches, von negativer Politik geprägtes, Parlament, das Weber ablehnt.

3.5.1 Positive Politik

Hingegen arbeitet ein Parlament mittels positiver Politik, wenn es eine zentrale Stellung, Macht und folgende Funktionen ausübt: 1. parlamentarische Auslese der Führer, 2. parlamentarische Verantwortlichkeit der Führer gegenüber dem Parlament und 3. die parlamentarische Verwaltungskontrolle.[88]

> „Die Möglichkeit, das Beamtentum wirksam zu *kontrollieren,* ist an Vorbedingungen geknüpft. Die Machtstellung aller Beamten ruht, außer auf der arbeitsteiligen Technik der Verwaltung als solcher, auf *Wissen.* Einem Wissen von zweierlei Art. Zuerst: dem durch Fachschulung erworbenem, im weitesten Sinne des Wortes »technischen« *Fachwissen.*"[89]

Über dieses Fachwissen verfüge der Reichstag nicht, weshalb er „verfassungsmäßig *zur dilettantischen Dummheit* verurteilt"[90] ist. Ein selbst angeeignetes Wissen von Abgeordneten wäre nur reine Privatsache und könne das „systemati-

---

87 Das „Beamtentum" im Weber´schen Sinne erstreckt sich nicht allein auf die Verwaltungsangestellten des Reiches, der Länder und der Gemeinden. Max Webers Verständnis des Beamten ist ein weites. So fasst er auch alle politischen Amtsträger „vom Landrat bis zum Minister"(S. 382) unter das Beamtentum, bis hinauf zur Regierung.

88 Vgl. *Max Weber*, Parlament und Regierung im neugeordneten Deutschland, Gesammelte Politische Schriften (GPS), 5. Auflage, Tübingen 1988[orig. 1918], S. 340.

89 *Max Weber*, 1988 (GPS), S. 352.

90 *Ibid.*

sche *Kreuzverhör von Sachverständigen* vor einer Parlamentskommission unter Zuziehung der betreffenden Ressortbeamten, welches allein Kontrolle [...] garantiert“[91] nicht ersetzen. Dazu kommt als zweites das inhärente Dienstwissen der Verwaltung. „Nur wer sich die Tatsachenkenntnis unabhängig vom guten Willen des Beamten beschaffen kann, vermag im Einzelfall die Verwaltung wirksam zu kontrollieren.“[92] Zur Erlangung dieser Tatsachenkenntnis sollen nach Weber dem Parlament Instrumente, wie die Akteneinsicht, die Augenscheineinnahme, und das Kreuzverhör vor Parlamentskommission, also das Enqueterecht, zur Hand gereicht sein.

Max Weber behandelt in diesem Abschnitt die Informationskrise, in der sich das Parlament kraft Natur der Sache befindet, und greift so einem bis heute anhaltendem Problem und einer bis heute fortwährenden Herausforderung parlamentarischer Arbeit vor.[93]

3.5.2 Außenpolitik

Auch zum Politikbereich des Äußeren im Verhältnis zur Legislative äußert sich Weber. Seine Vorschläge sind im Groben bis heute gelebter Usus im Bundestag, jedoch ist, wie später festzustellen sein wird, eine Aufweichung und Gewichtsverlagerung in den letzten Jahren der Bundesrepublik erkennbar. Weber folgend gehören „*[a]ktuelle* Erörterungen der Außenpolitik und des Krieges [...] zur Beratung zunächst vor einen kleinen Kreis von Vertrauensmännern der Parteien.“[94], und keinesfalls in die öffentliche Debatte einer Volksvertretung.

> „Ebenso könnte im Frieden für die Beratung bestimmter hochpolitischer Stellungnahmen, insbesondere in der Auslandspolitik, eine Zuziehung von Parteivertretern auf ähnlicher Grundlage vielleicht nützlich sein.“[95]

Betrachtet man das heutige System des wehrverfassungsrechtlichen Parlamentsvorbehaltes zu Bundeswehreinsätzen im Ausland, bei dem im einfachen Verfahren die Fraktionsvorsitzenden unmittelbar zu informieren sind, oder die Kontrolle der Geheimdienste durch das parlamentarische Kontrollgremium, so lässt sich die Beratung „im kleinen Kreis“ noch immer erkennen. Jedoch, und dies sei auch

---

91 *Max Weber* 1988 (GPS), S. 352.
92 *Ibid.*
93 Vgl. dazu Kapitel 2.3, wie auch Kapitel 4.
94 *Max Weber* 1988 (GPS), S. 356.
95 *Max Weber* 1988 (GPS), S. 357.

betont, ist ein jüngerer Gegentrend zu erkennen, dessen Richtung zur Öffentlichkeit im Parlament weist. So sei allein an dieser Stelle auf die Stärkung des Bundestages in Bezug auf die Europapolitik der Regierung der 17. Legislaturperiode verwiesen, wie sie mehrfach durch das Bundesverfassungsgericht ergangen ist.

Was zuvor als „Kernbereich der exekutiven Eigenverantwortlichkeit" beschrieben wurde, lässt sich ebenfalls bereits bei Weber finden. So sind Planungen der Regierung für die auswärtige Politik und für das Militär

> „vor tendenziöser Publikation hinlänglich [...] zu schützen. Erst recht: militärtechnische Geheimnisse. Und endlich auch: schwebende Erwägungen der *auswärtigen Politik*. Diese gehört in diesem Stadium unbedingt vor ein mit Garantie der Diskretion umgebenes kleines Gremium."[96]

Ganz ähnlich äußert sich später das Bundesverfassungsgericht, indem es den Kernbereich der Exekutive um noch laufende Prozesse der Meinungsfindung der Regierung vor dem Interesse des Parlamentes absichert.

3.5.3 Ausschüsse

> „Dagegen könnte für die normale *Verwaltungskontrolle* der Friedenszeit die Entwicklung gemischter Spezialausschüsse im Anschluß an den *Hauptausschuß* recht wohl ein geeignetes Instrument werden, vorausgesetzt, daß für eine gute fortlaufende Berichterstattung gegenüber der Öffentlichkeit gesorgt und eine geeignete Geschäftsordnung mit Wahrung der Einheitlichkeit bei Spezialisierung der Verhandlungsgegenstände der Unterausschüsse, zu denen die Bundesrats- und Ressortvertreter zuzuziehen wären, geschaffen würde."[97]

Weber beschreibt hier theoretisch, was in der Bundesrepublik mit dem Auswärtigen Ausschuss und dem Verteidigungsausschuss (der eigens Verfassungsrang besitzt), als „Spezialausschüsse", geschaffen wurde, und die gar über geeignete Informationen, Instrumente der Öffentlichkeit und letzterer sogar die Möglichkeit einer inhärenten Enquete zur Verteidigungspolitik, besitzen.

3.5.4 Enqueterecht

Für das moderne Enquete- oder Untersuchungsrecht ist Max Weber ein ganz ursächlicher Theoretiker. Ihm ist der Gedanke erwachsen, dass, mit Blick auf das

---

96 *Ibid.*, S. 359.
97 *Ibid.*, S. 357.

englische Parliament, die Enquete auf Hinwirken bereits einer Minderheit abzuhalten sei. Denn eine Parlamentsmehrheit ist im Hinblick auf die Verbindung zur abhängigen Regierung weniger bemüht, als die Parlamentsminderheit, Untersuchungen, die sehr wohl auch das Fehlverhalten, oder die Untätig- und Unfähigkeit der Regierung zu betonen als Ziel haben, anzustrengen. Für Weber ist die Enquete Informationsbeschaffung und Kontrollinstrument zugleich – „eine Rute, deren Vorhandensein die Verwaltungschefs zwingt, in einer Art Rede zu stehen, die seine Anwendung unnötig macht.“[98]

> „Insbesondere muß das Recht *unbedingt als Minoritätsrecht* (sagen wir etwa: auf Verlangen von 100 Abgeordneten) und natürlich mit dem Recht der Minderheit auf Vertretung, Fragestellung, Nebenbericht geschaffen werden.“[99]

Weber sollte sich durchsetzen mit seiner normativen Forderung. So sprach Art. 34 der Weimarer Reichsverfassung (WRV) einer Parlamentsminderheit von einem Fünftel das Recht zu, auf Antrag den gesamten Reichstag zu verpflichten, einen Untersuchungsausschuss einzusetzen. Auch in der heutigen Ordnung des Grundgesetzes sind Untersuchungsausschüsse gerade ein Instrument der Parlamentsminderheit. Die Opposition, so wird allgegenwärtig betont, muss die Möglichkeit und die Aufmerksamkeit erhalten, auf Missstände hinzuwirken und letztlich Sanktionen zu fordern. Nach Art. 44 I GG muss der Bundestag, will meinen die regierungsstützende Parlamentsmehrheit, auf Verlangen von einem Viertel der Abgeordneten, sprich der oppositionellen Parlamentsminderheit, zwingend einen Untersuchungsausschuss einsetzen. Gemäß Art. 44 II GG hat der Untersuchungsausschuss das Recht, sinngemäß die strafprozessualen Normen anzuwenden.[100] Max Webers Einfluss auf das parlamentarische Untersuchungsrecht ist hoch einzuschätzen, angesichts seiner Wirkung bis zum heutigen Tage.

3.6 *Ernst Friesenhahn und die Staatsleitung zur Gesamten Hand*

Mit Ernst Friesenhahn gelangt man nun zu einer rechtswissenschaftlichen Sicht, einer Verfassungslehre, die, mit Blick auf die junge Bundesrepublik Deutschland den Versuch unternahm, das Gefüge von Regierung und Parlament in eben diesem neuen, modern benannten, Staat zum Gegenstand zu nehmen. Der dadurch geprägte Begriff der *Staatsleitung zur Gesamten Hand*, der hier vorgestellt wird,

---

98 *Max Weber* 1988 GPS, S. 353.
99 *Ibid.*, S. 359.
100 Vgl. *Dieter Engels,* Parlamentarische Untersuchungsausschüsse. Grundlagen und Praxis im Deutschen Bundestag, Heidelberg 1989, S. 75.

erreichte eine gewisse Berühmtheit und avancierte zum Bonmot unter Staatsrechtlern.

Beachtlich zunächst ist jedoch, dass Friesenhahn innerhalb weniger Zeilen bereits die gesamte Lehre Carls Schmitts zum Prinzip der gleichen Chance als selbstverständlich hinnimmt, voraussetzt, um sie lediglich als Fundament für eine viel weitreichendere Lehre zu benutzen.

> „Demokratie bedeutet Herrschaft der Mehrheit. In der freiheitlichen Demokratie ist aber die Herrschaft der Mehrheit durch die rechtsstaatlichen Grundsätze beschränkt. Zu den wesentlichen Freiheiten gehört der freie Wettbewerb der politischen Parteien. Die Minderheit kann zur Mehrheit, die Mehrheit kann zur Minderheit werden."[101]

Fünf Zeilen, die in der bundesrepublikanischen Staatsrechtslehre aus der Schmitt´schen Legitimität bloße Voraussetzung machen. Darüber hinauswachsend spielt in Friesenhahns Lehre die Opposition hingegen eine wichtige Rolle. Für eine dem Staatswesen verpflichtete, diesen nicht fundamental ablehnende, also eben nicht verbotene oder möglich verboten werdende, Opposition müssen gleiche innerparlamentarische Regeln gelten. Voreingenommene Vorbehalte, bei der Anerkennung vom Fraktionsstatus beispielsweise, sind unzulässig in einem repräsentativen Parlamentsbetrieb.[102] Im modernen Deutschland entstand, nicht zuletzt durch die Technologisierung, eine aufmerksame Öffentlichkeit, die dem Parlament eine gewachsene Rolle seiner Arbeit zuspielte. Unter den wachsameren Augen des Volkes werden nun die Entscheidungen gefällt, wobei die Regierungsmehrheit (gleichsam die Regierung) ihre programmatischen Schritte erklären und nachvollziehbar darstellen muss und die Opposition sich stets in Kritik an der Regierung üben und sich selbst als Alternativregierung bewerben muss.[103] Aus Öffentlichkeit entsteht Kontrolle und Kontrolle steht „Erzeugnissen dunkler anonymer Kräfte"[104] diametral entgegen. Nicht nur die Opposition, auch der Abgeordnete als Einzelner, gleichsam von Regierungsmehrheit oder nicht, ist bei Friesenhahn eine zentrale Einrichtung des parlamentarischen Systems Deutschlands. Durch Artikel 38 I S. 2 GG in Verfassungsrang gehoben und mit besonderem Auftrage ausgestattet, geben die Parlamentarier „als frei gewählte Repräsen-

---

101 *Ernst Friesenhahn*, Parlament und Regierung im modernen Staat, Veröffentlichung der deutschen Staatsrechtslehrer, H. 16, Berlin 1958, S. 16.

102 *Ibid.*, S. 19.

103 *Ibid.*, S. 31.

104 *Ibid.*

tanten des Volkes den Willen des Volkes kund und wirken wieder zurück auf die Mehrheitsbildung im Volk. Sie stehen als Mittler zwischen Volk und Regierung, stützen und *kritisieren die Regierung* und sorgen dafür, *dass die Regierung in der demokratischen Verantwortung gehalten wird.*[Hervorhebungen durch den Autor]"[105] Zwar steht nach Friesenhahn die Regierung in Abhängigkeit vom Parlament, ihre Selbständigkeit als politisch leitendes Exekutivorgan bleibt jedoch erhalten.[106] In diesem zweigleisigen Wechselspiel ist es auch die Regierung, die auf das Parlament einwirkt, eigene politische Impulse setzt und Initiative zeigt.[107] Friesenhahn entwickelt in seinem Beitrag das dualistische System von einer abhängigen und sogleich eigenständigen Regierung neben dem kontrollierenden und selbst von der Regierungsmehrheit beeinflussten Parlament. Dabei zeigt er, dass zum Trotz des parteipolitischen Übereinstimmens von Regierung und Parlamentsmehrheit Spannungen zwischen beiden Institutionen nicht ausgeschlossen sind, „da jede Institution ihr eigenes Gewicht und ihre besondere Funktion bei der Formung des Gesamtwillens hat."[108]

> „Parlament und Regierung leben in ständiger Durchdringung und gegenseitiger Abhängigkeit, und gerade diese fortdauernde Zusammenarbeit [...] ermöglicht eine gute Staatsführung."[109]

Was Friesenhahn mit „guter Staatsführung", das beinahe aristotelisch-normativ klingt, meint, beschreibt er auch sogleich im Anschluss. Er sieht drei Normalfälle der parlamentarisch-gouvernementalen Zusammenarbeit. Der Regelfall ist demnach, bedingt durch den erhöhten Fachverstand, die Vorarbeit und Vorlage der Regierung, wobei das Parlament diesem wohlwollend zustimmt. Ein zweiter Fall ist der des revidierenden Parlaments, welches erhebliche Änderungen am Regierungsentwurf vornimmt und seine eigene Vorstellung zur Bedingung macht, oder gar den gesamten Entwurf scheitern lässt. Ein dritter und seltener Fall ist weiterhin die Initiative aus dem Parlament selbst heraus.

Diesen entwickelten Gedanken nennt Friesenhahn die *„Staatsleitung zur Gesamten Hand"*. Das Ineinandergreifen von Regierung und Parlament bei den Staatsgeschäften. Diese Verzahnung sieht er nicht kritisch, befürwortet sie und weist ebenso Ängstlichkeiten vor zu vielen (verfassungswidrigen) Kompetenz-

---

105 *Friesenhahn* 1957, S. 31.
106 *Ibid.*, S. 33.
107 *Ibid.*
108 *Ibid.*, S. 35.
109 *Ibid.*, S. 36.

verschiebungen zurück[110], indem er sagt, dem Parlament stünde immer, außer in klar verfassungsrechtlich abgegrenzten Bereichen, ein Mitwirkungsrecht an der Staatsführung zu und im Übrigen seien Befürchtungen vor der Übertragung von Rechtssetzungskompetenzen an die Regierung (Ermächtigungsgrundlagen für Rechtsverordnungen) übertrieben, solange eine ausreichende parlamentarische Kontrolle gewährleistet ist[111].

In einer parlamentarisch-gouvernementalen Verzahnung, angewiesen auf die Zuarbeit des jeweils anderen, bedingt durch den gemeinsamen Auftrag zur Staatsleitung, ist eine gegenseitige Information und Kontrolle unabdingbar. Das Parlament, die Legislative, ist stets beteiligt, stets mitinbegriffen und übt im gleichen Maße die Staatsführung, und somit auch die Verantwortung aus. Die Regierung ist dem Parlament verantwortlich und dem Parlament erwächst die Aufgabe, für seine eigene Mündigkeit und Aufgabenwahrnehmung zu sorgen. Diese Mündigkeit des Parlaments ist im System der gesamthänderischen Staatsleitung nur durch Kontrollinstitute und ein diese wahrnehmendes Parlament ermöglicht.

---

110 *Friesenhahn* 1958, S. 38.
111 *Ibid.*, S. 39.

3.7 *Die Arten der Kontrolle nach Winfried Steffani*

Der renommierte deutsche Politikwissenschaftler Winfried Steffani gilt als einer der wichtigsten Parlamentarismusforscher der deutschen Wissenschaft, und lehnt als solcher die nach seiner Ansicht zu kurz greifende Annahme, Kontrolle ist Oppositionsaufgabe, ab. Stattdessen, ganz der Politikwissenschaftler, differenzierte er in verschiedenen Kategorien die Kontrolle der Regierung durch das Parlament.

Dabei war auch ihm verständlicherweise bewusst, dass der Wirkungskreis der parlamentarischen Kontrolle stark abhängt von den unterschiedlichen Interessen, die zwischen der Regierungsmehrheit und der Opposition vorzufinden sind. Doch allein Interessen, oder der Drang nach Machtbegrenzung seitens der Opposition, führt noch nicht zu mehr Kompetenzen. Denn nach wie vor muss das parlamentarische System als ein stark formalisiertes betrachtet werden. Die Spielregeln[112], sich ergebend aus Verfassung, Gesetzen und Geschäftsordnungen, sind feste und bedeutende Hürden für oppositionelle Abgeordnete, die auch durch informelle „Rules of the Game“ nicht umgangen werden können.

Somit entwickelt Steffani 6 Arten der parlamentarischen Kontrolle[113]:

1. Die Überprüfung der Regierungsmaßnahmen durch das Parlament im Nachhinein.
2. Die permanente, begleitende Überprüfung der Regierungsarbeit durch das Parlament.
3. Die nachträgliche (Punkt 1) oder die begleitende (Punkt 2) Kontrolle in Verbindung mit einem verbindlichen Entscheidungsrecht durch das Parlament die Regierungsmaßnahme betreffend.
4. Die Fähigkeit des Parlaments, Zwang zur öffentlichen rechenschaftsgebenden Auskunft der Regierung gegenüber auszuüben und selbst Stellungnahmen und Bewertungen dazu abzugeben.

---

112 Zu den Spielregeln des Parlamentarismus und der Kontrolle der Regierung siehe *Stefan Marshall,* Beziehungsspiele zwischen Parlament und Regierung, "Rules of the Game" und ihre Reform, in: *Everhard Holtmann, Werner J. Patzelt* (Hrsg.), Kampf der Gewalten?, Parlamentarische Regierungskontrolle – gouvernementale Parlamentskontrolle. Theorie und Empirie, Wiesbaden 2004, S. 313-332.

113 *Winfried Steffani*, Formen, Verfahren und Wirkungen der parlamentarischen Kontrolle, in: Hans-Peter Schneider, Wolfgang Zeh (Hrsg.), Parlamentsrecht und Parlamentspraxis, Berlin 1989, S. 1325-1367, hier 1326.

5. Punkt 4 plus die Kompetenz, eine eigene Beschlussfassung bezüglich der Regierungsmaßnahme zu treffen. Die Beschlussfassung liegt dabei zwischen den beiden Polen Gesetzgebung und Abberufung der Regierung.
6. Die Kontrolle des Parlamentes durch die Regierung. Damit ist umgekehrt die Fähigkeit des Regierungschefs, die Regierungsmehrheit im Parlament zu leiten und politisch zu führen, bezeichnet.

Zum einen folgt Steffani hier der Betrachtung von Kontrolle in einem temporalen Feld – nämlich der nachträglichen und der begleitenden Kontrolle – und zum anderen thematisiert er die Kontrolle nach Kompetenzen. Denn parlamentarische Kontrolle ist nicht gleich parlamentarische Kontrolle und Parlament ist nicht gleich Parlament. Dies soll näher beleuchtet werden.

Steffani hebt hervor, dass strikt zwischen Regierungsmehrheit und Opposition unterschieden werden muss, will man die parlamentarische Kontrolle analysieren. So ordnet er die Punkte 1 und 2 einer temporalen Betrachtungsweise zu, unabhängig von welchem Teil des Parlamentes sie wahrgenommen werden. Die Punkte 3 und 5 schreibt Steffani allein der Parlamentsmehrheit zu, also ein verbindliches Entscheidungsrecht über eine Regierungsmaßnahme sowie die eigene Beschlussfassung mit Gesetzgebungscharakter oder gar Regierungsenthebung bleiben in der Hand der Mehrheit. Punkt 4 hingegen, der Zwang zur öffentlichen Rechenschaft, ist das klassische Instrument der Opposition, der Parlamentsminderheit.[114] So lässt sich nach Steffani also unterscheiden zwischen einer *kritischen* parlamentarischen Kontrolle, die hauptsächlich im Wirkungskreis der Opposition anheim ist, und einer *sanktionierenden* parlamentarischen Kontrolle, die entgegen der Sichtweise des „Neuen Dualismus“ nach wie vor in Händen der Parlamentsmehrheit liegt.

Vertieft bedeutet dies, dass die Instrumente des Initiativ-, und Antragsrechts, des Untersuchungsausschusses, der abstrakten Normenkontrolle vor dem Bundesverfassungsgericht und der Sperrminorität bei Verfassungsänderungen klassische Minderheitenrechte sind und die Instrumente der Kanzlerwahl, des Misstrauensvotums, des Befindens über die Vertrauensfrage, der Herbeirufung von Ministern und der Verabschiedung von Gesetzen und von schlichten Parlamentsbeschlüssen Mehrheitsrechte darstellen.[115]

---

114 Vgl. *Steffani* 1989, S. 1328.
115 Vgl. *ibid.*, S. 1330.

Abschließend entwickelt Steffani folgende Definition:

> „Parlamentarische Kontrolle bezeichnet den parlamentarischen Prozess des Überprüfens und Bestimmens (bzw. Beeinflussens) der Verhaltensweisen anderer (insbesondere von Regierung und Verwaltung) bei unmittelbarer (Parlamentsmehrheit) und / oder mittelbarer (Opposition) Sanktionsfähigkeit im Wege der vier Phasen Informationsgewinnung, Informationsverarbeitung, Informationsbewertung (Würdigung und Kritik) und abschließender politischer Stellungnahme bzw. rechtsverbindlicher Entscheidung."[116]

3.8 Principal-Agenten Theorie

Die politikwissenschaftliche, und ursprünglich aus der Ökonomie stammende, Prinzipal-Agenten Theorie wirft einen nicht juristischen Blick auf die Beziehung zwischen dem Parlament und der Regierung in parlamentarischen Regierungssystemen und hat dadurch die Ausformungen der Kontrolle des Parlamentes über die Regierung im Fokus. Eine Prinzipal-Agenten-Beziehung liegt vor, wenn ein verbindliches Verhältnis zwischen Auftraggeber und Auftragnehmer vorliegt und dem Auftraggeber gegenüber dem Auftragnehmer Sanktionsmöglichkeiten bis hin zum Entzug des Auftrages zur Verfügung stehen.[117] Der Auftraggeber ist vorliegend das Parlament, dass seine Regierung wählt (Wahlfunktion Bagehot) und somit seinem Agenten, der Regierung, den Regierungsauftrag erteilt. Das Prinzipal-Agenten-Verhältnis ist stets von einer Informationsasymmetrie zugunsten des Agenten, aufgrund seiner Nähe zum Auftrag wie auch durch seine Fachkenntnisse, geprägt. Im Weiteren besteht ein Interessenskonflikt zwischen Prinzipal und Agent, da letzterer eigene Interessen besitzt[118] und gewillt ist, weniger oder anders als nach Willen des Prinzipals zu arbeiten.[119] Gelingt es dem Agenten, seine eigenen Interessen durchzusetzen, entgegen dem Willen des Auftraggebers, so entstehen „Agenturverluste".[120] Das Durchsetzen seiner eigenen Interessen er-

---

116 *Steffani* 1989, S. 1328f.

117 Vgl. *Phillip Harfst / Kai-Uwe Schnapp*, Instrumente parlamentarischer Kontrolle in westlichen Demokratien. Discussion Paper SP IV 2003-201, Wissenschaftszentrum Berlin für Sozialforschung, Berlin 2003, S. 4; erreichbar unter: <http://hdl.handle.net/10419/49732>, aufgerufen am 27.08.2013.

118 Vgl. *Roderick Kiewiet / Mathew McCubbins*, The logic of delegation, Chicago 1991, S. 24.

119 Vgl. *Harfst / Schnapp* 2003, S. 5.

120 *Wolfgang Müller / Torbjörn Bergman / Kaare Strom*, Parliamentary Democracy: Promise and Problems, in: *Kaare Strom / Wolfgang Müller / Torbjörn Bergman*, Delegation and Accountability in Parliamentary Democracies, Oxford 2003, S. 3-33, hier 23.

reicht der Agent vor allem durch „hidden information“ sowie „hidden actions“[121], er besitzt also Informationen durch seine Nähe zur Arbeit, die der Prinzipal nicht besitzen kann, und kann zudem, unentdeckt durch den Prinzipal eigene Handlungen vollziehen, die am Inhalt des Auftrages vorbeigehen.[122]

Der Prinzipal wiederum versucht diese Agenturverluste so klein wie nur möglich zu halten und nutzt dafür vier Hauptwerkzeuge. Erstens die *Vertragsgestaltung* zwischen Auftraggeber und Auftragnehmer, zweitens die *Auswahl und Selektion* des zu beauftragenden Agenten, drittens die regelmäßige *Überwachung der Agentenhandlung* und Unterrichtungspflichten des Auftragnehmers gegenüber dem Auftraggeber und viertens die *institutionellen Hürden und Beziehungen*, die Entscheidungen, die in den Augen des Auftraggebers kritisch zu bewerten sind, durch die gezwungene Zusammenarbeit des Agenten mit anderen Agenten oder anderen Vetospielern im Institutionengefüge verhindern sollen.[123] Die institutional checks werden folgendermaßen definiert: „when authority has been delegated to an agent, there is at least one other agent with the authority to veto or to block the actions of that agent.“[124]

3.8.1 Die Vertragsgestaltung

Im parlamentarischen Regierungssystem ist die Vertragsgestaltung zwischen Parlament und Regierung oftmals weitestgehend durch die Verfassung ausgestaltet – die das Wahlprozedere des Regierungschefs durch das Parlament reglementiert, die Beteiligung beider an dem Gesetzgebungsverfahren, die Kontrollrechte der Abgeordneten gegenüber der Regierung, wie Fragerechte, Untersuchungsrechte und weitere.[125]

> „The principal can minimize the risk associated with this strategy by initially assigning an agent a modest set of tasks and responsibilities at a modest level of compensation. Those who perform well are rewarded by increasing the range of their authority. (...) Agents who perform poorly will not similarly advance, or may even be demoted or dismissed.“[126]

---

121 Vgl. *Kaare Strom*, Delegation and Accountability in Parliamentary Democracies, in: European Journal of Political Research, Jg. 37 (2000), S. 261-290, hier 272f.

122 Vgl. *Harfst / Schnapp* 2003, S. 6.

123 Vgl. *Strom* 2000, S. 273; Harfst / Schnapp 2003, S. 7f.

124 *Kiewiet / McCubbins* 1991, S. 34.

125 Vgl. *Harfst / Schnapp* 2003, S. 7.

126 *Kiewiet / McCubbins* 1991, S. 29.

Durch die Vertragsgestaltung, bzw. die Gestaltung der Beziehung beider Organe in der Verfassung sind grundlegende Spielregeln festgelegt, an die sich die Regierung, der beauftragte Agent, halten muss und die bei Nichtbefolgung Sanktionen fürchten muss.

3.8.2 Auswahl und Selektion

Es sind sowohl der Prinzipal, als auch der Agent am besten beraten, wenn der Prinzipal fähig ist, die Personen für die Ausführung seines (Regierungs)-Auftrages auszuwählen, die passende Talente, Fähigkeiten und andere persönliche Charaktereigenschaften für sich verbuchen können, um den zu erteilenden Auftrag bestmöglich (das heißt im Sinne des Prinzipals) auszuführen.[127]

Die Auswahlfunktion übernehmen in der Politik die Parteien, die geeignete Kandidaten für zu wählende Ämter aus ihrer inneren Organisation hervorbringen und diese sich als geeignet erweisen müssen.[128] Die Auswahl und Selektion auf dem Weg zur Wahl in Exekutivämter setzt meist langjährige Partei- und Abgeordnetentätigkeit voraus, womit eine weit vorausgegangene Überprüfung der politischen Arbeit und charakterlichen Fähigkeiten gegeben ist.[129]

Die beiden vorangegangenen Möglichkeiten des Prinzipals, Einfluss auf den Agenten zu nehmen sind *ex ante* Möglichkeiten, also der Auftragserteilung vorangestellt.

3.8.3 Überprüfen der Agententätigkeit

Die nach der Auftragserteilung (*ex post*) dem Prinzipal zustehenden Möglichkeiten, das Expertisegefälle[130] zu beeinflussen und zu verringern, sind notwendige Korrekturen und ein gewisser unterschwelliger Druck für den Agenten, nicht zu sehr von den Interessen des Auftraggebers abzuweichen. Er steht unter dem gewissen Einfluss einer permanenten oder stichprobenartigen Kontrolle und kann sich einer Unbekümmertheit nicht sicher sein. Auch durch das Instrument der regelmäßigen Berichterstattung sieht der Prinzipal den Fortgang der Erledigung und kann bei Missfallen Korrekturen anordnen.[131]

---

127 Vgl. *ibid.*, S. 30.

128 Vgl. *Kaare Strom*, Parliamentary Democracy and Delegation, in: *Strom / Müller / Bergman* 2003, S. 55-108, hier 63.

129 Vgl. *Harfst / Schnapp* 2003, S. 7.

130 *Ibid.* 2003, S. 8.

131 Vgl. *Kiewiet / McCubbins* 1991, S. 31; *Strom* 2000, S. 273.

In der Beziehung zwischen Parlament und Regierung beschreibt dies die klassischen Frage- und Kontrollrechte des Parlamentes, die Verantwortlichkeit der Regierung gegenüber dem Parlament. Die dem Parlament zur Verfügung stehenden Ressourcen erstrecken sich dabei auf das Ausschusswesen, Auskunftsrechte, wissenschaftliche Dienste, Rechnungshöfe, parlamentarische Untersuchungen.[132]

3.8.4 Institutionelle Hürden und Beziehungen

Institutionelle Hürden können genutzt werden, um Handlungen des Agenten abzuschwächen oder gar zu blockieren. Dabei nutzt der Prinzipal einen weiteren Agenten, der wiederum andere Interessen als der erste beauftragte Agent hat, so dass sich beide in ihrem Handeln Reibungsverlusten ausgesetzt sehen. Oder aber der Prinzipal nutzt einen generellen Vetospieler um das Vorhaben des Agenten komplett zu blockieren. Politisch sind hier üblicherweise die Arrangements eines checks and balances Systems betroffen.[133] Vetospieler, wie eine zweite Kammer, ein gegenzeichnendes Staatsoberhaupt oder ein Verfassungsgericht können Vorhaben einer Regierung stoppen.

3.8.5 Delegation und Verantwortlichkeit

Insgesamt ist das Beziehungssystem nach der Prinzipal-Agenten Theorie von den beiden Faktoren Delegation und Verantwortlichkeit geprägt. Das Parlament delegiert Aufgaben, die der Staatsleitung, Gesetzesausübung, Staatsverwaltung etc., an die Regierung. Diese wiederum ist einer Verantwortlichkeit gegenüber dem delegierenden Parlament unterworfen. Die Regierung erhält demnach Kompetenzen für hoheitliches Handeln, ihr Personal wird vorher sorgsam ausgewählt, und muss während der Handhabung ihrer übertragenen Kompetenzen die Kontrolle durch das Parlament erdulden. Das Parlament besitzt verschiedene vorherige und permanente Kontrollinstrumente um den Wissensvorsprung der der Regierung erwächst, auszugleichen.

Es kommt in diesem System zu einer Delegationskette[134], vom Wähler zum gewählten Parlament, zur hervorgehenden Regierung, von dieser zum einzelnen Minister und von diesem zur ihm unterstehenden Verwaltung und dem einzelnen

---

132 Vgl. *Harfst / Schnapp* 2003, S. 9.

133 Vgl. *Strom* 2000, S. 273; *Strom* 2003, S. 63.

134 Vgl. Begriff: delegation chain, *Wolfgang Müller*, Political parties in parliamentary democracies: Making delegation and accountability work, in: European Journal of Political Research, Jg. 37, S. 309-333, hier 312.

Verwaltungsbeamten.[135] Die Delegationskette der Prinzipal-Agenten Theorie ist nebenbei das exekutiv-perspektivische Pendant zur Legitimationskette, die ihre Betrachtung aus Perspektive des Empfängers von hoheitlichen Maßnahmen, zumeist also aus der Perspektive des Bürgers, vornimmt. Während also der Beamte seine gesetzlichen Vorgaben ausführt, kann er auf die delegierten Hoheitsaufgaben verweisen, die er von seinem Minister, vom Gesetzgeber und am ursprünglichen Beginn der Delegationskette vom Volk als Souverän, übertragen bekommen hat. Und gleichsam kann der betroffene Bürger die ihn belangenden hoheitlichen Maßnahmen legitimatorisch auf die Entscheidungen der Verwaltung, die von der Regierung eingesetzt wurde, zurückführen und weiter noch, den Regierungsauftrag zurückführen auf die Regierungswahl aus dem Parlament heraus und das Parlament aus der Volkswahl des Parlamentes heraus. So lässt sich Legitimation und Delegation immer auch auf ihre Ursprünge zurückverfolgen.

---

135 Vgl. *Arthur Lupia*, The EU, the EEA and domestic accountability: How outside forces affect delegation with member states, in: The journal of Legislative Studies, Jg. 6, S. 15-32, hier 16f.

3.9 *Die Wesentlichkeitstheorie*

Weit davon entfernt einen allumfassenden Gesetzesvorbehalt durch den Gesetzgeber – einen totalen Parlamentsvorbehalt[136] zu kreieren, sah und sieht sich das Bundesverfassungsgericht gefordert, dem Bundestag als direkt legitimiertes Organ einen Vorbehalt zu schaffen, der, in den wesentlichen, sprich statusbildenden Grundzügen[137] nicht unterminiert werden kann. Der Gesetzgeber ist verpflichtet, in diesen wesentlichen Belangen selbst gestalterisch tätig zu werden.

> „Ebenso gebiete das demokratische Prinzip, daß die Ordnung wichtiger Lebensbereiche zumindest in ihren Grundzügen vom demokratisch legitimierten Gesetzgeber selbst verantwortet und in einem öffentlichen Willensbildungsprozeß unter Abwägung der verschiedenen, unter Umständen widerstreitenden Interessen gestaltet werde."[138]

Wir befinden uns hier somit in einer Art Kernbereich des Parlamentes, des parlamentarischen Gesetzesvorbehaltes, der über den Gesetzesvorbehalt bei Eingriffen in die Grundrechte oder Ermächtigungsgrundlagen für exekutive Rechtsetzung (Art. 80 I GG) hinaus geht. Die Wesentlichkeitstheorie verhindert ein exekutivisches Entscheiden von gesellschaftlich strittigen, substantiell bedeutenden gesellschaftlichen Belangen und Interessen. Zweierlei Grundgedanken sind dabei sinnstiftend. Erstens will die Wesentlichkeitslehre des Bundesverfassungsgerichts dem Parlament seine ihm zugesprochene Rolle als direkt legitimiertes Staatsorgan schützen, und verhindern, dass die Exekutive allein aufgrund von untergesetzlichen (!) Regelungen, wie Verwaltungsvorschriften, Exekutivvereinbarungen oder Verwaltungsanordnungen[139] zu tiefgreifende Entscheidungen unabhängig des Parlamentes trifft. Und zweitens soll gerade durch die öffentlichen Verfahren der Gesetzgebung ein Diskurs über die sensiblen, wesentlichen Belange debattiert und befunden werden und auf diese Weise dem besonderen Moment der teilweise weitreichenden gesetzlichen Eingriffe in Freiheiten und Grundrechte Rechnung getragen werden. Es ist dies ebenjenes Prinzip, „das den Gesetzgeber verpflichtet, im Bereich der Grundrechtsausübung die der staatlichen Gestaltung offenliegende Rechtssphäre selbst abzugrenzen und nicht dem Ermessen der Verwaltungsbehörde zu überlassen."[140]

---

136 BVerfGE 8, 155 (168).
137 Vgl. *Katz* 2007, S. 98.
138 BVerfGE 41, 251 (259).
139 BVerfGE 33, 1 (11).
140 BVerfGE 34, 165 (193).

Die Wesentlichkeitslehre bildet somit einen Rahmen um die staatsleitende Tätigkeit, in dem sich Legislative und Exekutive den Spielball der Entscheidungsfindung zuwerfen. In einem System der prozessualen, also durch Verfahren legitimierten Entscheidungsfindung und Rechtsetzung, wie wir es im Zusammenspiel zwischen dem deutschen Bundestag und der deutschen Bundesregierung finden, und in dem ein Vorrang eines dieser Spieler ausgeschlossen ist (Verneinung des Gewaltenmonismus) bildet die Wesentlichkeitstheorie das Pendant zum Kernbereich der exekutiven Eigenverantwortlichkeit. Wo auf der einen Seite das Parlament immer und zwingend die wesentlichen Lebenssachverhalte und die politischen, freiheitlichen, grundrechtlichen Grundlagen selbst gestalten muss, und ein reines exekutivisches Ermessen ausgeschlossen ist, da besitzt auf der anderen Seite die Regierung einen Kernbereich eigener Angelegenheiten, der sich dem Zugriff des Parlamentes verschließt. Er erstreckt sich so auch auf weite Teile der Außenpolitik.[141]

Was gilt hinlänglich als „wesentlich"? Das Bundesverfassungsgericht selbst konkretisierte seinen Ausdruck, indem es präzisierte, wesentlich bedeute: „im grundrechtsrelevanten Bereich in der Regel wesentlich für die Verwirklichung der Grundrechte"[142]. Es muss sich bei diesen politischen Entscheidungen also um Angelegenheiten großer Bedeutung handeln, die sowohl die Allgemeinheit, als auch eine intensive Betroffenheit für den Einzelnen und dessen Grundrechte mit sich zieht.[143] Eine politische Kontroverse, eine politische Debatte, so fügte das Bundesverfassungsgericht hinzu, kann jedoch nicht automatisch zu einer Wesentlichkeit der Sache und damit einhergehend einem Parlamentsvorbehalt führen, umso mehr sei auf die durch die Trennung der Gewalten entstandene Aufgabendifferenzierung staatlicher Organe verwiesen.[144] Fällt die zu treffende umstrittene Entscheidung in das Spielfeld der Gesetzgebung, soll also umfassend normiert werden, so ist der Gesetzgeber, das Parlament berufen. Fällt die Entscheidung jedoch eher in das Spielfeld der Ausführung von Gesetzen, deren Präzisierung, der Ausübung der Staatstätigkeit, ohne grundlegende neue Entscheidungen hervorzurufen, die wiederum gesetzgebenden Charakter besäßen, so ist hingegen die Exekutive berufen und der Bundestag kann einen Parlamentsvorbehalt nicht geltend machen.

---

141 Vergleiche dazu Kapitel 2.4 sowie 6.
142 BVerfGE 98, 218 (250).
143 Vgl. Katz 2007, S. 98.
144 BVerfGE 98, 218 (251).

3.10 Theoriesynthese

Die bisher vorgestellten theoretischen Überlegungen beleuchten verschiedene Aspekte parlamentarischer Kontrolle. Sie besitzen verschiedene Ausgangspunkte und verfolgen differenzierte Ziele, die sie hervorzuheben versuchen. Es sollen im Folgenden Überlegungen einer Synthese dieser unterschiedlichen Stränge angeregt werden, an deren Ende eine kumulierte Aussage steht, was parlamentarische Kontrolle ist, was sie vermag und welche Grenzen sie besitzt.

Den theoretischen Prämissen von Bagehot, Anson, Zweig und Weber zufolge, besitzt das Parlament gegenüber der Regierung Frage- und Untersuchungsrechte, die Möglichkeit die Regierung abzuberufen. Gleichsam ist die Regierung dem Parlament in ihren Tätigkeiten verantwortlich. Es ergibt sich daraus folgendes Grundschema.

Abbildung 1: Kontrollschema nach Bagehot, Anson, Zweig und Weber

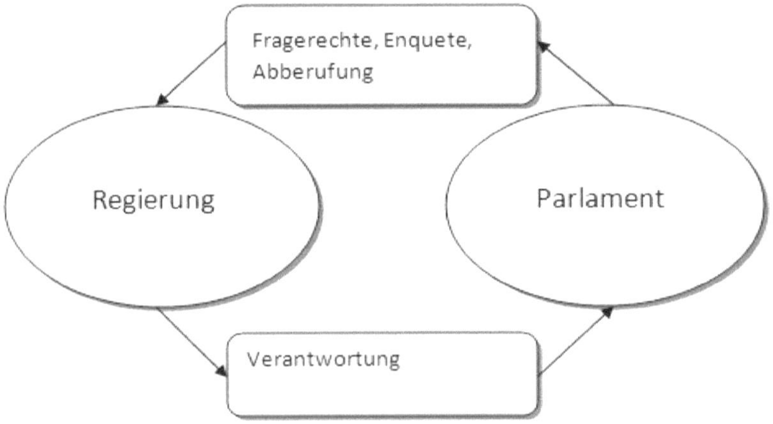

Quelle: eigene Darstellung

Weniger auf einzelne Kontrollrechte, mehr auf das grundlegende Verhältnis zwischen Regierung und Parlament bezieht sich Friesenhahn mit seinem Theorem von der Staatsleitung zur gesamten Hand. Sie besagt, Regierung und Parlament sind beide zu gleichen Teilen an der Staatsleitung beteiligt. Gesetzgebung und Gesetzesausführung seien zwei Seiten eines größeren Umstandes und beide Staatsorgane darin integriert. Das Schaubild zur Staatsleitung zur gesamten Hand zeigt ein anderes Bild als jenes zuvor.

Abbildung 2: Kontrollschema Staatsleitung zur gesamten Hand

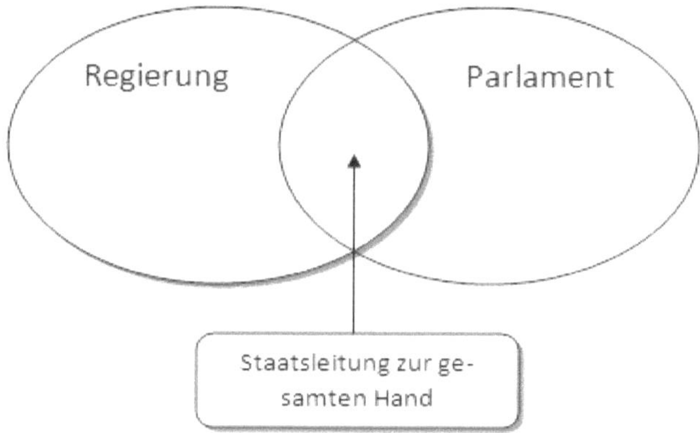

Quelle: eigene Darstellung

Die politikwissenschaftliche Betrachtung der Prinzipal-Agenten-Theorie entwirft wiederum ein gesondertes Verhältnis zwischen Regierung und Parlament, das geprägt ist durch eine Beauftragung des Prinzipals – dem Parlament gegenüber dem beauftragten Agenten – die Regierung. Da der Agent jedoch eigene und teilweise entgegengesetzte Ziele bei der Ausführung seines Auftrages besitzt, muss der Prinzipal seinen Agenten vor der Beauftragung sorgfältig aussuchen (bundespolitisch wird diese Auswahl des politischen Personals durch die Parteien übernommen, die dann über ihre jeweilige Fraktion im Parlament ihr Spitzenpersonal in die Bundespolitik einbringt), für die Beauftragung einen absichernden Vertrag (im Parlament-Regierung-Verhältnis stellt zumeist die Verfassung den Vertrag dar) mit den Zielen ausarbeiten und gegenüber dem Agenten stets überwachend wirken. Die Überwachung sind ebendiese Frage- und Kontrollrechte des Parlamentes, wie sie Bagehot, Anson, Weber und Zweig beschrieben. Es kommt zu einer Delegierung von Aufgaben, die stets der Rückkoppelung und Überprüfung durch den Auftraggeber benötigt.

Abbildung 3: Kontrollschema der Prinzipal-Agenten-Theorie

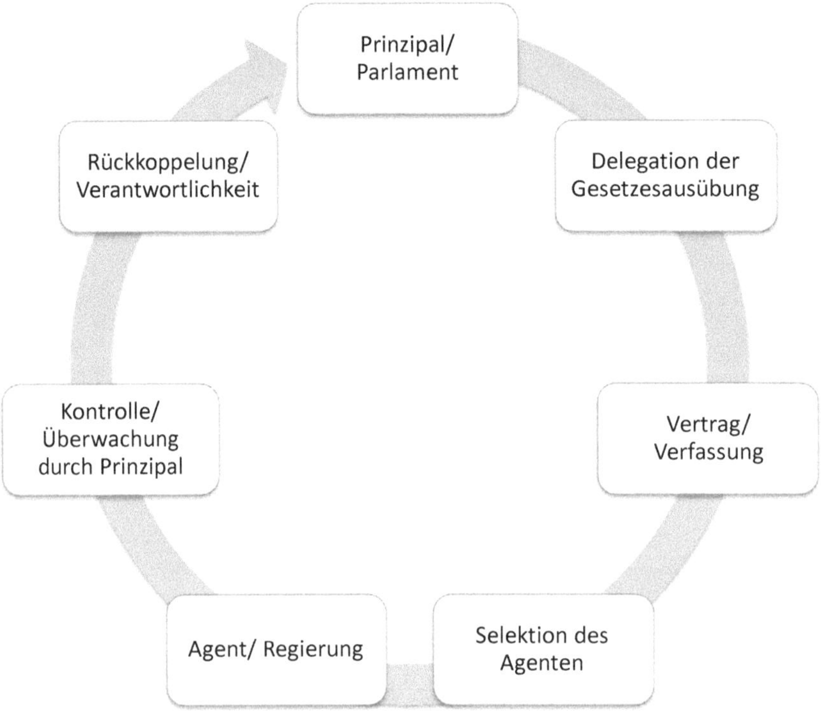

Quelle: eigene Darstellung

Sowohl der Kernbereich exekutiver Eigenverantwortlichkeit, als auch die Wesentlichkeitstheorie beschreiben je eine den beiden Staatsorganen inhärente Sphäre der Zuständigkeit, in die nicht ohne weiteres vom Gegenüber eingegriffen werden kann. Dabei ist der Kernbereich ein abgeschotteter Kreis der Regierungstätigkeit, der sich einer parlamentarischen Kontrolle entzieht und die Wesentlichkeitstheorie beschreibt einen Rahmen der sich um das gesamte Gebilde Staatsleitung legt, und der dem Parlament das Vorrecht schafft, alle wesentlichen Belange von Bedeutung für die Allgemeinheit selbst gestalten zu können und sich diese Fähigkeit nicht von exekutivem Ermessen aus der Hand zu nehmen. Dazu folgendes Schaubild:

Abbildung 4: Kontrollschema Kernbereich und wesentlicher Parlamentsvorbehalt

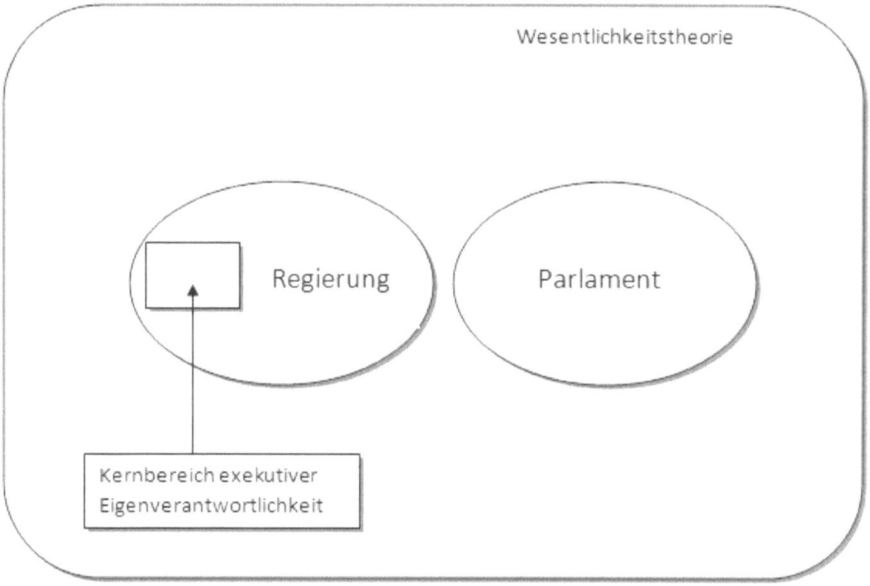

Wesentlichkeitstheorie

Regierung

Parlament

Kernbereich exekutiver Eigenverantwortlichkeit

Quelle: eigene Darstellung

Im Vergleich dieser vereinfachten Darstellungen lassen sich viele Gemeinsamkeiten erkennen, die zusammengenommen eine Synthese der verschiedenen Theoriestränge ermöglichen. So lassen sich beispielsweise die Kontrollrechte nach Bagehot, Anson, Weber und Zweig gut mit der Prinzipal-Agenten-Theorie kombinieren, da diese Frage- und Untersuchungsrechte ein Teil des Delegations- und Rückkoppelungskreislaufes sind. Ebenso unproblematisch ist es, das Theorem der Staatsleitung zur gesamten Hand mit den Ausformungen, die das Bundesverfassungsgericht vornahm – den Kernbereich der exekutiven Eigenverantwortung sowie den Wesentlichkeitsrahmen – zu verknüpfen und zu einem kombinierten theoretischem Bild zu verbinden. So lässt sich in der Theoriesynthese folgendes Schaubild einer Theorie der parlamentarischen Kontrolle erstellen:

Abbildung 5: Kontrollschema Theoriesynthese

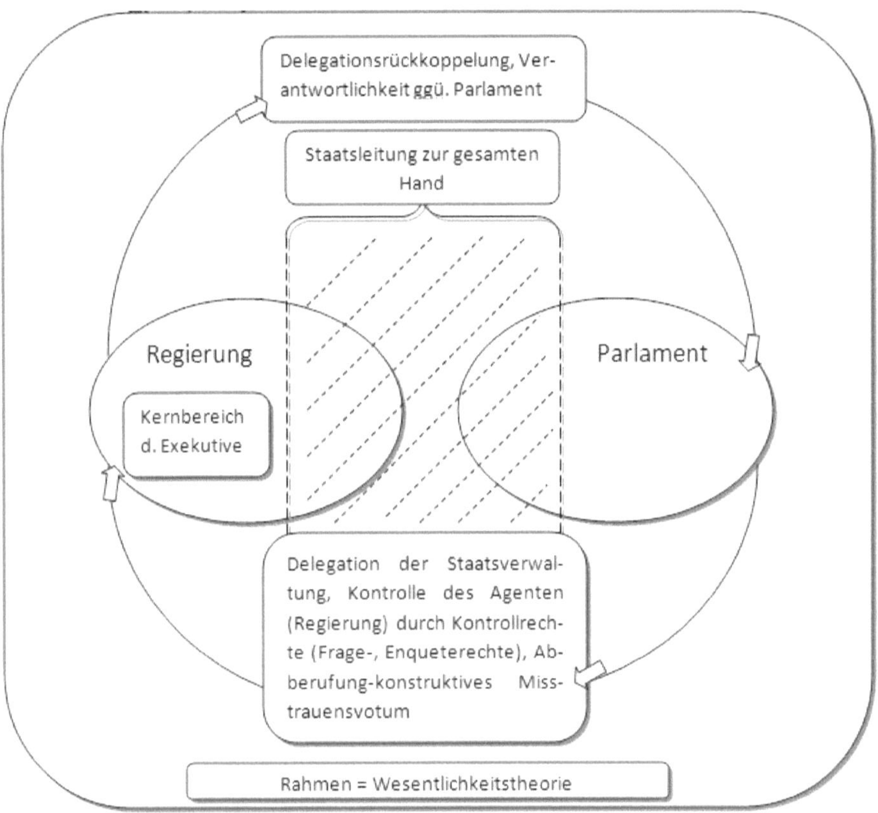

Quelle: eigene Darstellung

Als Ausfluss und Zusammenfassung dieses Kapitels kann Parlamentarische Kontrolle beschrieben werden als ein funktionalistisches Delegations- und Rückkoppelungssystem zwischen dem Parlament und der Regierung. In der ersten Komponente der Prozesstheorie ist beiden Organen ein gemeinsamer Handlungsspielraum gegeben, in dem sie sich arrangieren müssen und in dem die Staatsführung von Statten geht. Keines der Organe kann hier im Einzelnen agieren, es ist immer auf das Gegenüber angewiesen. Gleichzeitig wird sowohl der Regierung, als auch dem Parlament ein eigener Spielraum geschaffen, der von den Zugriffen des Gegenübers verschont ist. Für die Regierung ist dies der Kernbereich der Exekutive, für das Parlament der zwingende gesetzesgestalterische Vorbehalt in allen die Allgemeinheit wesentlich betreffenden Belangen. Beide Freiräume können vom jeweils anderen Organ nicht verhindert werden. Der Tatsache, dass das Parlament in parlamentarischen Regierungssystemen das einzig direkt vom Volk legitimierte Organ ist, trägt die zweite funktionalistische Komponente der Theoriesynthese Rechnung. Dabei handelt es sich um die Delegations- und Verantwortungskette, die stets zwischen Parlament und Regierung verläuft. Das Parlament erteilt einen Auftrag und kontrolliert gleichzeitig, unter Verwendung der ihm zustehenden Kontrollrechte, die Arbeit der Regierung. Die Regierung ist wiederum in all ihren Tätigkeiten aus dem Parlament legitimiert und trägt gegenüber diesem Verantwortlichkeit. Die Rückkoppelung der Performance der Regierung findet ihren Niederschlag im Parlament, und von dort aus beginnt erneut die Delegations- und Kontrollkette, mit eventuell nötigen Anpassungen bei einer schlechten Performance der Regierung, bis hin zum konstruktiven Misstrauensvotum. Wir finden somit eine prozessorientierte, mit zwei Polen versehene Kontrolltheorie vor, die das Spannungsverhältnis zwischen Parlament und Regierung, zwischen unantastbarem Eigenbereich und Kontrollrechten, zwischen Delegierung und Sanktion beschreibt. Das Aufeinanderprallen der Organe bei der Gestaltung von Politik und das ziehen eines Kreises aus Auftragserteilung und Auftragsanpassung um die Entscheidungsprozesse bildet das Kernstück dieser bipolaren Prozesse.

4 Die allgemeinen Interpellations- und Fragerechte

Information ist Kontrolle, wie Eckard Busch aufwies, und ein informierter Abgeordneter ist ein kontrollierender Abgeordneter. Andersherum: nur ein informierter Abgeordneter kann kontrollieren.

Das Grundgesetz bietet den Mitgliedern des Deutschen Bundestages einen privilegierten Status, grundsätzlich ob des Artikels 38, frei in ihrer Entscheidungsfindung, nur ihrem Gewissen verpflichtet. Doch das Grundgesetz bietet noch weit mehr Ausgestaltung der Abgeordnetenrechte, die im folgenden hier vorgestellt werden sollen und deren Tragweite anhand aufbereitetem Datenmaterials dargestellt wird.

4.1 Das Zitierrecht

Der Bundestag, wie seine Ausschüsse, hat das verfassungsrechtlich in Art. 43 I GG festgeschriebene Recht, die Anwesenheit eines jeden Mitgliedes der Regierung zu verlangen. Bei diesem Recht handelt es sich vordergründig um eine Möglichkeit für den Bundestag, sach- oder vorhabenbezogene Informationen zu erhalten.[145] Ebenso wirkungsmächtig wie öffentlichkeitswirksam ist das Zitiergebot, wird es zur Kritik am zitierten Regierungsmitglied genutzt. Die Zitierung erfolgt stets durch das gesamte Staatsorgan Deutscher Bundestag als solches, zum anderen vornehmlich auch durch die Regierungsfraktion(en). Die Zitierung erhält Gewichtung, da die Bundesregierung zumindest auf die Zusammenarbeit mit der Regierungsmehrheit angewiesen ist.[146] Der Wortlaut des Artikels 43 I GG gibt keinen Aufschluss darüber, ob das zitierte Regierungsmitglied auch zur Beantwortung von Fragen verpflichtet ist.[147] Ein Hinweis auf die Befürwortung der Antwortverpflichtung liegt in der Geschäftsordnung des Bundestages. § 42 GeschOBT erlaubt zwar einer Fraktion beziehungsweise fünf vom Hundert der Abgeordneten den Antrag auf Zitierung eines Regierungsmitgliedes. Doch über den Antrag abstimmen muss der Bundestag als Ganzes, der gemäß Art. 42 II GG mit Mehrheit beschließt.[148]

---

145 Vgl. *Hermann Mangoldt / Friedrich Klein / Christian Starck* Kommentar zum Grundgesetz, München 2010, Bd. 2, Art. 43, Rn 2.

146 Vgl. *Rudolf Dolzer / Karin Vogel / Klaus Graßhof*, Bonner Kommentar zum Grundgesetz, Heidelberg 2011, Bd. 6, Art. 63, Rn. 24; *Michael Sachs*, Art. 43, Rn. 5.

147 Vgl. *Hömig*, Grundgesetz für die Bundesrepublik Deutschland, Baden-Baden 2013, Art. 43, Rn. 4; *Mangoldt / Klein / Starck*, 2010, Bd. 2, Art. 43, Rn. 9.

148 Vgl. *Sachs*, Grundgesetz, München 2011, Art. 43, Rn. 1; *Mangoldt / Klein / Starck* 2010, ...

Somit ergibt sich zum einen eine Zitierung durch das gesamte Organ Deutscher Bundestag als solches, zum anderen auch immer durch die Regierungsfraktion(en). Die herrschende Meinung geht überdies neben der Anwesenheits- auch von einer Auskunftspflicht aus.[149] Das Zitierrecht ist immer auch die Möglichkeit der Sanktion oder indirekten Einflussnahme.[150]

Doch auch die bloße Heranziehung des Regierungsmitgliedes und seiner engsten Mitarbeiter aus den Ministerien, wie seine Staatssekretäre, nicht um der Kritik willen, bietet den Abgeordneten in Plenum oder Ausschuss die Möglichkeit Informationen über den Verhandlungsgegenstand aus erster Hand zu erhalten. Die administrative Sinnfindung, die in den Ministerien betrieben wurde, oder zeitnahe Informationen, die den sachnahen Ministerien natürlicherweise schneller und eher zulaufen als dem Parlament, wird auf diese Weise den Abgeordneten vorgestellt und erklärt. Durch die Anwesenheit kann eine direkte Nachfrage ermöglicht werden, und auch die interne Haltung des Ministers, eventuelle Vorbehalte, die im Ministerium geäußert werden und Position und Gegenposition können in Erfahrung gebracht werden. Für die Arbeit in den Ausschüssen ist die Zitierung von Regierungsvertretern unerlässlich, faktisch aus dem Grund, da die Abgeordneten ihre Informationen, über die sie entscheiden und beraten sollen aus den Ministerien kommen. Die Überlegungen der Exekutive müssen jedoch grundsätzlich dem Parlament vorgelegt werden, damit dieses sich am Entscheidungsprozess beteiligen kann. Es ist keineswegs so, dass Regierung und Parlament isoliert voneinander arbeiten, vielmehr ist es unerlässlich, eine Abstimmung und eine Einvernehmung untereinander herzustellen, zumindest zwischen Regierung und Regierungsfraktionen. Die Beteiligung von Regierungsvertretern an der Ausschussarbeit des Bundestages ist dafür selbstverständliches Element, in kritischen Fragen jedoch immer auch Kontrollinstrument.

4.2 Die große Anfrage nach § 100 GeschOBT / kleine Anfrage nach § 104 GeschOBT

Im Gegensatz zum Zitierrecht findet sich in der großen und der kleinen Anfrage nicht die Verpflichtung auf eine mündliche Beantwortung durch die Bundesre-

Bd. 2, Art. 43 I, Rn. 20.

149 *Michael Sachs* 2011, Art. 43, Rn. 6; BVerwGE 73, 10; ThürVGH, BVBL. 2009, 246.

150 Vgl. *Joachim Linck*, Zur Informationspflicht der Regierung gegenüber dem Parlament, in: DÖV, 1983, 957 (960).

gierung, sie kann schriftlich erfolgen.[151] Auch richten sich diese Anfragen an die Regierung als Ganze, nicht an den einzelnen Minister.

Kleine Anfragen beziehen sich auf eine bestimmte Fragestellung zu einem Sachverhalt, sollen also keine ausführende Formulierung sein, ebenso wenig wie die Regierungsantwort, welche innerhalb zweier Wochen zu erfolgen hat (§ 104 GeschOBT). Die große Anfrage bezieht sich auf einen umfangreicheren Informationsbedarf, größere Vorhaben oder Projekte. Zur Ermittlung der Antwort ist die Bundesregierung teilweise zunächst angehalten, Nachforschungen durchzuführen, was für die Dauer bis zur Beantwortung eine geraume Zeit in Anspruch nehmen kann. Die beiden Anfragen sind als Recht des gesamten Organes Bundestag ausgestaltet und die Antragsteller müssen entweder den Fraktionsstatus besitzen oder fünf vom Hundert der Mitglieder des Bundestages gemäß § 76 I GeschOBT darstellen.

Folgende Übersichten betrachten vertiefend die numerische Verteilung der Frageinstitute über die vergangenen Legislaturperioden hinweg. Besonderes Augenmerk liegt dabei auf der Verteilung zwischen Regierungsmehrheit und Opposition, aber auch auf der Höhe der absoluten Zahlen der Nutzung dieser Instrumente.

---

[151] Vgl. *Jörg Schmidt*, Die demokratische Legitimation der parlamentarischen Kontrolle, Berlin 2007, S. 100.

Abbildung 6: Verteilung der großen Anfragen auf Regierung und Opposition

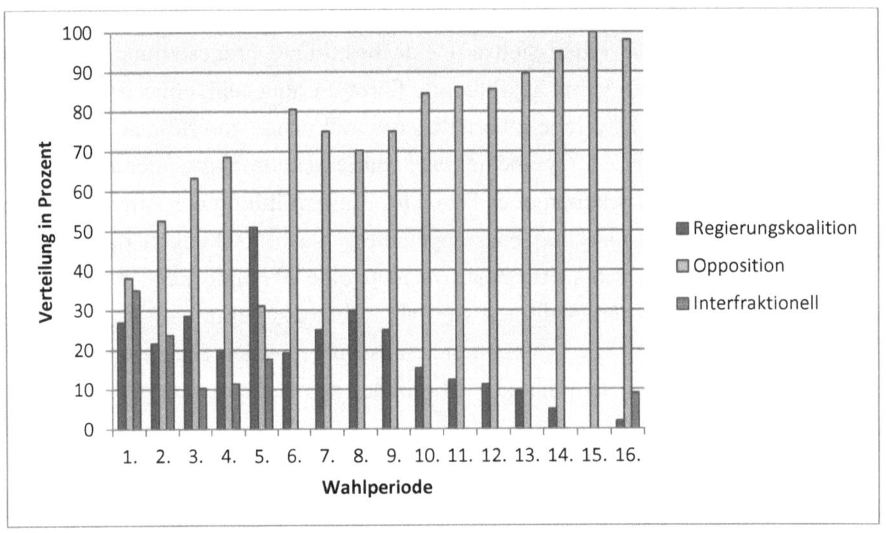

Quelle: Peter Schindler, Datenhandbuch zur Geschichte des Deutschen Bundestages 1949-1999, Berlin 1999,S. 2640f; ders. Datenhandbuch zur Geschichte des Deutschen Bundestages seit 1990, www.bundestag.de/dokumente/datenhandbuch/11/11_01/11_01_01-html, aufgerufen am 02.09.2013.

Es herrscht eine erstaunliche Diskrepanz zwischen dem Anfrageverhalten der Regierungsfraktionen und denen der Opposition. Die Fraktionen der Parlamentsminderheit stellen der Bundesregierung eindeutig mehr große Anfragen, als dies die Fraktionen tun, die die Regierung stützen. Das liegt sicherlich in der Natur der Sache, doch ist der letztendliche Ausfall der Zahlen unerwartet deutlich. Eine zweite Feststellung lässt sich treffen. Für die unterschiedlichen Zahlen zwischen Mehrheit und Opposition ist es unerheblich, welche Koalition die Regierung stellt oder in der Opposition ist. Sowohl die Anzahl der großen Anfragen der CDU/CSU und FDP Koalitionen von 1949 bis 1960 lagen unter denen der oppositionellen SPD (Wahlperioden 1 bis 4), als auch spiegelverkehrt die großen Anfragen der sozialliberalen Koalitionen von 1969 bis 1982 weit unter denen der Opposition (nun die CDU/CSU in den Wahlperioden 6 bis 9) lag. Und selbst die Anfragen der Fraktion der Grünen, die wie in Tabelle 2 gezeigt werden kann, von ihren Fragerechten in einem weitaus höheren Maße Gebrauch machten als die Fraktionen aller Bundestage zuvor, fuhren ihr Recht auf Stellung von Großen Anfragen erheblich, nach der Wiederwahl von 2002 sogar komplett auf null zurück. Es konnte also gezeigt werden, dass unabhängig der parteipolitischen Ausrichtung vom parlamentarischen Fragerecht vor allem Gebrauch gemacht wird, wenn sich die Fraktion in der Opposition befindet.

Die Themen der großen Anfragen sind unterschiedlichster Natur. Nur beispielhaft seien hier Fragestellungen nach Rehabilitierung der Opfer des SED-Unrechts durch die SPD[152], Missachtung der Menschenrechte in der Türkei per Anfrage durch die PDS[153], die Anfrage der CDU/CSU zum Thema Kampf gegen Kinderarbeit[154], oder derselben zur Zukunft des Gesundheitswesens[155]. Nach dem Wechsel in die Opposition nach der Bundestagswahl 2005 traten die Grünen neben vielen weiteren Themen mit Fragen nach der Situation von Roma in der Europäischen Union, in den EU-Beitrittsländern, und im Kosovo[156], der Gestaltung einer ergebnisoffenen transparenten Endlagersuche mit großer Öffentlichkeitsbeteiligung[157] oder aber zur Auswärtigen Kulturpolitik[158] und zu Maßnahmen zur Bekämpfung des Antisemitismus[159] auf. Die FDP stellte in ihrer Oppositionszeit beispielsweise große Anfragen zu biologisch abbaubaren Werkstoffen[160], zur Zukunft der Rechtsberatung[161], zur Notwendigkeit einer breiten öffentlichen Debatte zum „therapeutischen Klonen"[162] oder auch zur Bundeswehr im neuen Jahrhundert[163].

4.2.1 Die kleinen Anfragen im politischen Spektrum

Die innerhalb zweier Wochen zu beantwortenden kleinen Anfragen sind ein beliebtes Instrument der Informationsgewinnung der Abgeordneten des deutschen Bundestages. Es soll nun untersucht werden, von welchen Teilen und in welchen Größen die kleine Anfrage genutzt wird. Gibt es Unterschiede zwischen den Parteien, Unterschiede zwischen den Legislaturperioden und wie können diese begründet werden?

---

152 BT-Drks. 12/168.
153 BT-Drks. 12/1278.
154 BT-Drks. 14/662.
155 BT-Drks. 14/3887.
156 BT-Drks. 16/918.
157 BT-Drks. 16/1605.
158 BT-Drks. 16/2233.
159 BT-Drks. 16/11278.
160 BT-Drks. 14/2437.
161 BT-Drks. 14/2564.
162 BT-Drks. 14/4184.
163 BT-Drks. 14/8418.

Abbildung 7: Anzahl der Kleinen Anfragen von CDU/CSU und SPD

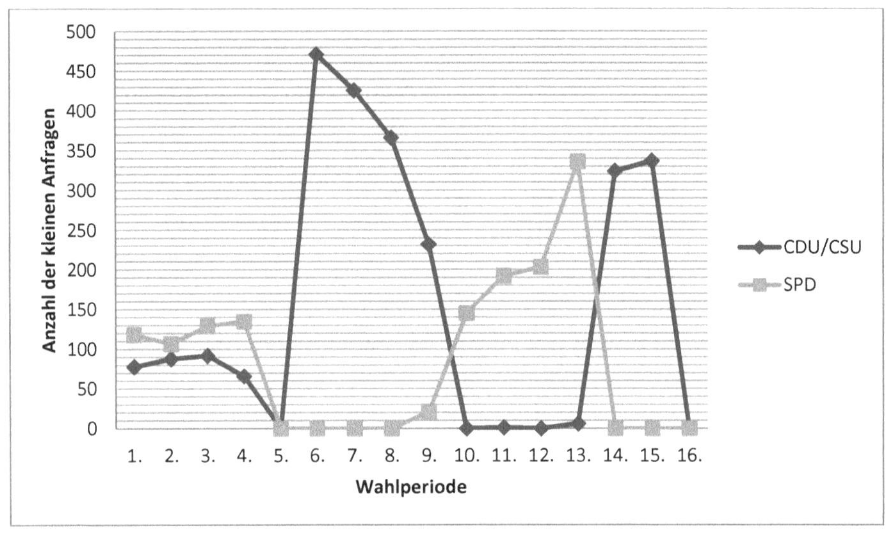

Quelle: Schindler 1999, S. 2642; ders. Datenhandbuch zur Geschichte des Deutschen Bundestages seit 1990, www.bundestag.de/dokumente/datenhandbuch/11/11_01/11_01_01-html, aufgerufen am 02.09.2013. Keine interfraktionelle Anfragen; 17. Wahlperiode noch nicht berücksichtigt, Daten für 5. Wahlperiode nicht verfügbar.

Aus obiger Abbildung ist zunächst, im Vergleich mit der nachfolgenden Abbildung, ersichtlich, dass die Kleine Anfragen von den großen Parteien CDU/CSU und SPD weniger genutzt werden, als dies bei den kleinen Parteien FDP, Grüne und PDS/Linke der Fall ist. Es ließe sich hier der Schluss ziehen, dass dies ein Ausdruck des Umstandes ist, der beide Parteien abwechselnd über längere Perioden eine Regierungsverantwortung übernahmen und übernehmen. Die These lautet hier also, Kleine Anfragen sind ein Instrument der kleinen Fraktionen zur Kontrolle der Regierung und der großen Fraktionen. Ob dies ohne jedes weitere gelten kann, sei dahin gestellt. Faktisch zeigen die Linien aber einen klaren Verlauf zwischen Regierungswechsel, Oppositions- und Regierungszeiten der beiden großen Parteien.

Abbildung 8: Kleine Anfragen von FDP, Grünen und PDS/Linke

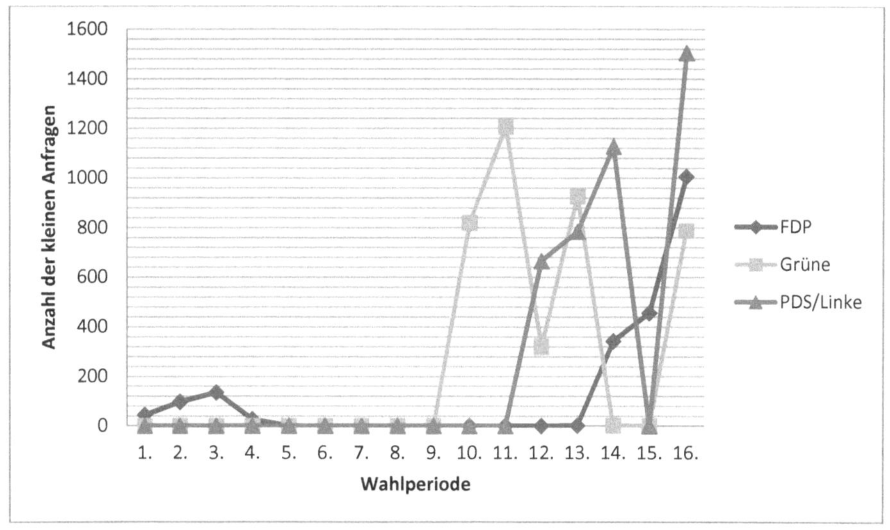

Quelle: Schindler 1999, S. 2642; ders. Datenhandbuch zur Geschichte des Deutschen Bundestages seit 1990, www.bundestag.de/dokumente/datenhandbuch/11/11_01/11_01_01-html, aufgerufen am 02.09.2013. Keine interfraktionelle Anfragen; 17. Wahlperiode noch nicht berücksichtigt, Daten für 5. Wahlperiode nicht verfügbar.

Die zweite Abbildung zum Datenmaterial über die kleinen Anfragen beschäftigt sich mit den kleinen Fraktionen FDP, Grünen und PDS/Linke im Bundestag und deren Nutzung der kleinen Anfrage. Die FDP, so zeigt sich deutlich, nutzte dieses Frageinstrument erstmals ausgiebiger seit dem Ende ihrer langen Phase der Regierungsbeteiligung seit Zeiten der Sozialliberalen Koalitionen bis zum Ende der Ära Helmut Kohls. Mit dem Wechsel zu Rot-Grün verfolgte die FDP erstmals ein gesteigertes Engagement der kleinen Anfragen. So stellte sie in der 14. Wahlperiode 342 Kleine Anfragen, ein Wert, den sie nie zuvor erreicht hatte. Ganz anders hingegen ist die Nutzung der kleinen Anfragen durch die Abgeordneten der Grünen. Sie stellten bereits nach dem ersten Einzug in den Bundestag 820 Kleine Anfragen und erreichten damit einen ersten parlamentarischen Rekordwert. Er übertrifft, ganz nebenbei, sogar die kumulierten kleinen Anfragen der SPD aus allen vorherigen Legislaturperioden. Doch selbst die fragefreudigen Grünen fuhren ihre Aktivitäten der Fragerechte im Parlament nach der Regierungsübernahme von 1998 erheblich zurück, bis sie fast auf einem Nullpunkt angelangt war. Die Fraktion der Linken, zuvor die der PDS entwickelte sich nach der Wende und der Errichtung des gesamtdeutschen Parlamentes zu einer grundlegenden Oppositionspartei und nutzte und nutzt die ihr zur Hand gereichten Kontrollinstrumente umfänglich aus. Nach der Wahl von 2009, als sie als die Partei Die Linke in den Bundestag einzog übertraf sie sogar die Spitzenwerte der

Grünen, was die kleinen Anfragen betrifft. Mit ihrem Höchstwert von 1505 Anfragen an die Bundesregierung in der 16. Wahlperiode übernahm sie den Großteil der parlamentarischen Kontrolle auf dem Gebiet der kleinen Anfragen. In den vier Jahren der zweiten großen Koalition aus CDU/CSU und SPD wurden insgesamt 3299 Kleine Anfragen gestellt, wovon 45,6 % auf die Anfragen der Linken zurückzuführen sind.

4.3 Die mündliche Anfrage nach § 105 GOBT

Auch der einzelne Abgeordnete ist grundsätzlich berechtigt, als eine Ausformung parlamentarischen Minderheitenschutzes, mündliche oder schriftliche Anfragen an die Bundesregierung, in kurzer Form, zu stellen. In den Fragestunden jeder Sitzungswoche des Bundestages ist ein jeder Abgeordneter berechtigt, bis zu zwei Fragen zur mündlichen Beantwortung zustellen.
Um den Rahmen der Fragestunde nicht zu sprengen müssen die Fragen kurz gefasst und ebenso auch kurz zu beantworten sein. Dabei darf jede Frage zwei weitere Unterfragen beinhalten. Die Fragen werden an den Bundestagspräsidenten eingereicht, dieser veröffentlicht sie in einer Bundestagsdrucksache.
Anschließend werden in der Fragestunde die Fragen von der Bundesregierung beantwortet. Zudem hat jeder Abgeordnete das Recht, im Monat bis zu vier Anfragen schriftlich an die Bundesregierung zu stellen.
Für alle Fragen gilt, dass sie zulässig sind, wenn sie den Bereich der Bundesregierung betreffen, wenn sie keine Wertungen oder unsachlichen Feststellungen enthalten.

Dass das Instrument der mündlichen / schriftlichen Anfrage der einzelnen Parlamentsabgeordneten an die Bundesregierung intensiv genutzt wird zeigt folgendes Schaubild:

Abbildung 9: Die Anzahl der mündlichen und schriftlichen Anfragen nach § 105 GeschOBT

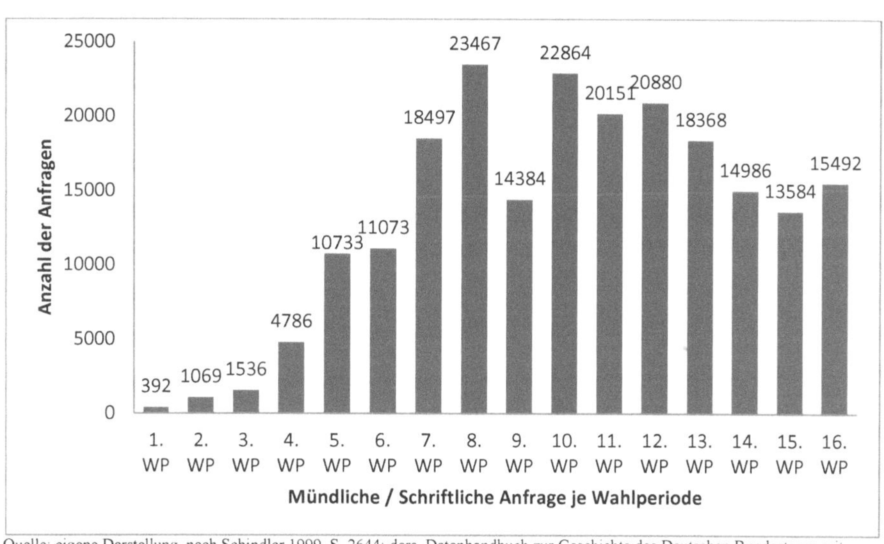

Quelle: eigene Darstellung, nach Schindler 1999, S. 2644; ders. Datenhandbuch zur Geschichte des Deutschen Bundestages seit 1990, <http://www.bundestag.de/dokumente/datenhandbuch/11/11_01/11_01_01.html>, aufgerufen am 27.10.2013.

Es zeigt sich deutlich, dass der einzelne Abgeordnete des Bundestages erst zögerlich, dann exponentiell ansteigend sein individuelles Recht der Anfrage an die Regierung nutzt. Spätestens seit der fünften Legislaturperiode nehmen die Abgeordneten dieses Recht auf hohem quantitativen Niveau wahr. Die schiere Menge von über 23.000 Anfragen an die Regierung in der achten Wahlperiode zeigt das immense Interesse der Volksvertreter an den Belangen der Bundespolitik. Dass sich das Niveau in den späteren Wahlperioden leicht absenkte, ist dabei unschädlich, blieb es immerhin auf stetig hohem Niveau und zeugt von einer bewussten Nutzung und Kontrolle, sowie dem Beharren auf den Informationsrechten der Abgeordneten.

4.4 Die aktuelle Stunde und die Regierungsanfragen gemäß § 106 GOBT

Für neu aufkommende, aktuelle Themen, wie beispielsweise der Angriff auf entführte Lastwagen in Kunduz, der kurze Zeit später zu einer aktuellen Stunde[164]

---

[164] Vgl. Abgabe einer Erklärung durch die Bundeskanzlerin zu den aktuellen Ereignissen in Afghanistan vom 8. September 2009, BT-PlPr. 16/233 (Dokument 6), S. 26297 f.

und später gar zu einem Untersuchungsausschuss[165] führte, kann der Bundestag aktuelle Stunden auf die Tagesordnung setzen und diese in kurzen Beiträgen zur Aussprache bringen. Nach § 106 II S. 1 GOBT findet zusätzlich in Sitzungswochen eine Befragung der Regierung zu aktuellen Themen statt.

Abbildung 10: Aktuelle Stunden in den Wahlperioden

Anzahl der Aktuellen Stunden

1. WP	2. WP	3. WP	4. WP	5. WP	6. WP	7. WP	8. WP	9. WP	10. WP	11. WP	12. WP	13. WP	14. WP	15. WP	16. WP
0	0	0	2	17	8	20	9	12	117	126	103	103	141	71	113

Aktuelle Stunden je Wahlperiode

Quelle: eigene Darstellung, nach Schindler 1999, S. 2706f., ders. Datenhandbuch zur Geschichte des Deutschen Bundestages seit 1990, <http://www.bundestag.de/dokumente/datenhandbuch/11/11_02/11_02_01.html>, aufgerufen am 27.10.2013.

Für eine Belebung des Parlamentarismus im Jahr 1965 eingeführt, wurde die Aktuelle Stunde erst zögerlich, ab der 10. Wahlperiode jedoch sprungartig ansteigend eingesetzt. Im heutigen parlamentarischen Leben des Bundestages sind sie fester Bestand und werden auch zum Zwecke einer öffentlichkeitswirksamen Erstinformierung bei heiklen Themen und Debatten genutzt.

Die aktuelle Stunde ist immer auch Indikator für die Brisanz eines öffentlichen Themas, dass es zu erörtern gilt. So waren die frühen Anfragen von Bereichen wie Äußerungen zur Wiedervereinigung Deutschlands, Fragen der Wiederbewaffnung oder Fragen des Universitätswesens geprägt, Aktuelle Stunden in den späten 1980er Jahren hingegen beschäftigten sich vor allem mit dem Thema Kernenergie. Im Jahr 1990 hielt man insbesondere Aktuelle Stunden betreffend die DDR ab und in der 16. Wahlperiode beriet man über die Vogelgrippe, Arbeitsmarktfragen, die Rente, Rechtsextremismus oder den Mangel an Studienplätzen.[166]

165 Vgl. A-Drs. des Verteidigungsauschusses, 17 (12) 8.

166 Vgl. Schindler 1999, S. 2708ff., ders. Datenhandbuch seit 1990 erreichbar unter: <http://www.bundestag.de/dokumente/datenhandbuch/11/11_02/11_02_06.html>, aufgerufen am 27.10.2013.

4.5 Der schlichte Parlamentsbeschluss

Dem Deutschen Bundestag steht neben seinen Informationsrechten auch die Möglichkeit zu, seine Meinung kundzutun, mittels eines schlichten Parlamentsbeschlusses.[167] Durch diese Meinungsäußerung entsteht keinerlei rechtliche Verbindlichkeit für die Bundesregierung.[168] Doch die durch Mehrheit festgesetzte Meinung des Bundestages hat eine tatsächliche Wirkung auf das Politische.[169] Hinter dieser Mehrheit steht letztendlich auch, zumindest ein Teil, der Regierungsmehrheit im Parlament. Exekutiven folgen in der Regel den durch Beschluss festgesetzten Willen des Parlaments, sie sind zumindest bestrebt dies zu tun.[170] Diese Wirkung ist dabei weniger dem schlichten Parlamentsbeschluss als solchem, sondern vielmehr der weiteren Kontrollmöglichkeiten des Parlaments geschuldet. Eine Nichtbefolgung des Willens des Parlaments ruft in diesem den Drang nach schärferer Kontrolle hervor, sollte die Regierung dem Parlamentswillen entgegenarbeiten. Nicht nur die Haushaltsgesetzgebung oder deren Verweigerung und das konstruktive Misstrauensvotum, sowie der Untersuchungsausschuss und die Interpellationen lassen die Regierung meist mit dem Parlamentswillen konform gehen.

In diesem Zusammenhang hat der schlichte Parlamentsbeschluss eine eigene wirksame Kontrollwirkung.

---

[167] Vgl. *Matthias Kühnreich*, Das Selbstorganisationsrecht des Deutschen Bundestages unter besonderer Berücksichtigung des Hauptstadtbeschlusses, Berlin 1997, S. 91 f.

[168] Vgl. *Hermann Butzner*, Der Bereich des schlichten Parlamentsbeschluss, AÖR 1994, 61 (90); *Tobias Wagner*, Parlamentsvorbehalt und Parlamentsbeteiligungsgesetz, Berlin 2010, S. 35; *Klaus Stern*, Das Staatsrecht der Bundesrepublik Deutschland, München 1984, Bd. 1, § 23 II 2; *Ingo von Münch*, Staatsrecht I, Stuttgart 2000, Rn. 861; *Hartmut Maurer*, Staatsrecht I, München 2013§ 13, Rn. 134.

[169] Vgl. *Jörn Ipsen*, Staatsrecht I, München 2010, 9.A, Rn. 169; *Hermann Butzner*, AÖR 1994, 61 (169).

[170] Vgl. *Klaus Albrecht Sellmann*, Der schlichte Parlamentsbeschluss, Berlin 1966, S. 44.

5 Das konstruktive Misstrauensvotum

Wenn der schlichte Parlamentsbeschluss zu einem bestimmten Thema die Regierung vom Parlamentswillen abhängig machen kann, so stellt das konstruktive Misstrauensvotum eine Art Damoklesschwert dar, zu jeder Zeit über dem Kopf des Bundeskanzlers und somit über der gesamten Bundesregierung schwebend.
Art. 67 I GG gibt dem Bundestag die Möglichkeit, dem von ihm gewählten Kanzler das Misstrauen auszusprechen und ihn somit abzuwählen.[171] Dies ist jedoch nur möglich, bei einer gleichzeitigen Wahl eines neuen Bundeskanzlers, was den „konstruktiven" Teil ausmacht und die „destruktive" Abwahl ergänzt.[172] Genau besehen stellt die Abwahl keinen Akt der Kontrolle mehr dar, sondern die Folge, die Konsequenz aus der Kontrolle.[173] Für eine solche Sanktion muss der Bundeskanzler oder die Regierung als ganze einen enormen Vertrauensverlust im Parlament und auch in der eigenen Fraktion verursacht haben. Insofern stellt das konstruktive Misstrauensvotum ein äußerstes Mittel der Sanktion (Kriterium bei Steffani) dar und ist auch in eben diesem Maße das scharfe Schwert des Parlaments.
An dieser Stelle ist es interessant zu untersuchen, ob der Bundestag auch ein Misstrauensvotum gegenüber einem einzelnen Bundesminister anstrengen könnte. Artikel 67 GG erwähnt den einzelnen Bundesminister nicht, woraus sich in erster Linie also kein Bezug zu einem Misstrauensvotum gegen einen Minister herstellen ließe.[174] Artikel 67 GG spricht nur vom Bundeskanzler.[175] Er wiederum schlägt seine Minister gemäß Artikel 64 I GG vor und bildet zusammen mit ihnen die Regierung. Allein der Bundeskanzler hat das Kabinettsrecht, welches der Bundestag nicht unterlaufen kann.[176]
Die vom Bundeskanzler vorgeschlagenen Minister werden vom Bundespräsidenten, gemäß Art. 64 I GG ernannt, eine Wahl durch das Parlament findet für die einzelnen Minister nicht statt, woraus sich auch ableiten lässt, dass dem Parlament kein Instrument zur Abwahl zusteht. Formell hätte der Bundestag einzig die Möglichkeit dem Bundeskanzler das Misstrauen auszusprechen und somit faktisch der ganzen Regierung und auch dem in Ungnade gefallenen Minister. Daran

---

171 Vgl. *Mangoldt / Klein / Starck* 2010, Bd. 2, Art. 67, Rn. 1 ff.; *Sachs*, Art. 67, Rn. 21 f.
172 Vgl. *Katz* 2007, Rn. 406.
173 Vgl. *Maurer* 2013, 5. A. Rn. 126.
174 Vgl. *Hömig* 2013, Art. 67, Rn. 1.
175 Vgl. *Mangoldt / Klein / Starck* 2010, Bd. 2, Art. 67, Rn. 6.
176 Vgl. *Karl Friauf / Wolfgang Höfling*, Berliner Kommentar, Berlin 2007, Bd. 2, Art. 67, Rn. 7.

anschließend würde ein neuer Kanzler gewählt, welcher wiederum seine Minister vorschlägt, wobei ihm trotzdem offen stünde, den missliebigen Minister erneut vorzuschlagen und vom Bundespräsidenten ernennen zu lassen. Die Einschränkung auf den Bundeskanzler hat seine Gründe im Interesse der Regierungsstabilität.[177] Abseits des formellen Weges steht dem Bundestag aber weiterhin das rechtlich unverbindliche, aber politisch wirksame Mittel des schlichten Parlamentsbeschlusses zu, in dem der Bundestag den betreffenden Minister zum Rücktritt auffordert. Da für den Beschluss eine Parlamentsmehrheit zustimmen muss, wäre der Minister politisch unter Druck, da ihn selbst die eigene Fraktion, zumindest in Teilen, zum Rücktritt aufgefordert hätte.

Konstruktive Misstrauensanträge gegen einen Bundeskanzler hat es in der Geschichte der Bundesrepublik erst zweimal gegeben, 1972 gegen Willi Brandt, welches keine Mehrheit erreichte und 1982 gegen Helmut Schmidt, in dessen Folge Helmut Kohl zum neuen Bundeskanzler gewählt wurde. An dieser geringen Fallzahl ist erkennbar, welch einschneidendes und auch riskantes Instrument das Misstrauensvotum ist. Denn da bundesdeutsche Regierungen bisher stets Koalitionsregierungen waren, bedeutet ein Misstrauensvotum auch immer den offenen Bruch der Koalition. Keine Minderheit im Parlament würde ein Misstrauensvotum anstreben, würde sie sich nicht ihrer Mehrheit sicher sein, und dafür benötigt sie doch immer Abweichler aus den Regierungsfraktionen. Selbst ein scheiterndes Misstrauensvotum bringt so erhebliche Spannungen in die Koalitionsfraktionen.

Das Grundgesetz kennt keine Misstrauensvoten gegen einzelne Regierungsmitglieder, trotzdem bleibt es dem Bundestag unbenommen, auf dem Wege des schlichten Parlamentsbeschlusses seiner Meinung und Forderung nach dem Rücktritt eines Ministers Ausdruck zu verleihen. Nutzt also der Bundestag sein politisches und nicht konstitutionell gefasstes Recht des Misstrauens und der Missbilligung gegenüber einem Minister, indem er Parlamentsbeschlüsse fasst und dem Minister das politische Vertrauen entzieht und ihn zum Rücktritt auffordert, oder ihn rügt für eine Tätigkeit oder Aussage des Ministers, die im Parlament nur Missbilligung fand? Dazu gibt folgende Übersicht Einblick:

---

[177] BVerfGE 120, 111.

Tabelle 1: Entlassungs- und Missbilligungsanträge gegen Bundesminister

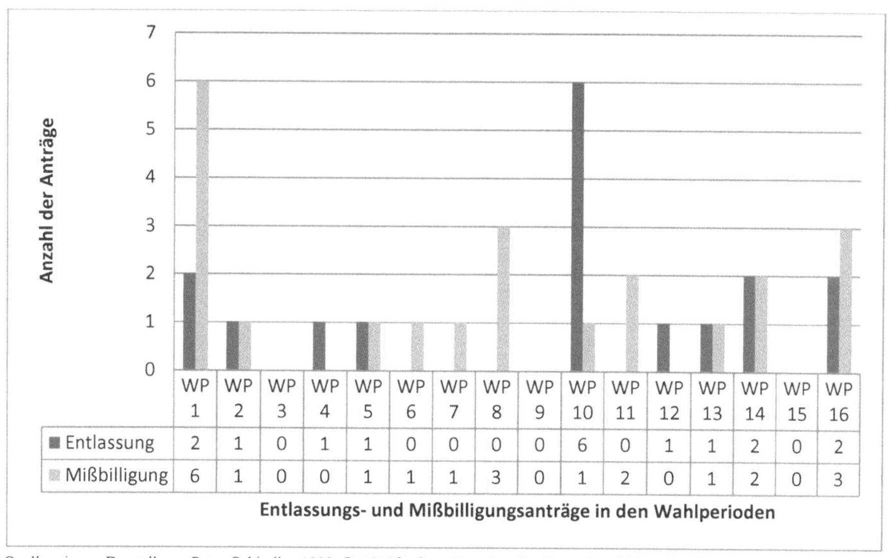

	WP 1	WP 2	WP 3	WP 4	WP 5	WP 6	WP 7	WP 8	WP 9	WP 10	WP 11	WP 12	WP 13	WP 14	WP 15	WP 16
Entlassung	2	1	0	1	1	0	0	0	0	6	0	1	1	2	0	2
Mißbilligung	6	1	0	0	1	1	1	3	0	1	2	0	1	2	0	3

Quelle: eigene Darstellung, Peter Schindler 1999, S. 1248f.; ders. Datenhandbuch zur Geschichte des Deutschen Bundestages seit 1990, <http://www.bundestag.de/dokumente/datenhandbuch/06/06_15/index.html>, aufgerufen am 15.10.2013.

Erkenntnis aus diesen Zahlen ist, dass der Bundestag bewusst und gezielt das Instrument der Meinungsäußerung nutzt, um die ihm in ihren Handlungen oder Äußerungen missfallenden Akteure der Bundesregierung unter Druck zu setzen und sie zur Mäßigung oder zum Rücktritt, zumindest zur Verhaltensänderung zu bewegen. Jedoch eine Aussage darüber, welchen Erfolgswert diese Anträge haben, liefern die Zahlen des Datenhandbuches nicht. Trotzdem bleibt die Tatsache bestehen, dass der Bundestag in nur drei von insgesamt 16 Wahlperioden *nicht* von dem Instrument Gebrauch machte, einem Minister den Rücktritt nahezulegen oder ihm das Missfallen des Parlamentes auszudrücken.

6 Die parlamentarische Kontrolle der Außenpolitik

Die Politik des Äußeren, die Vertretung des Staatswesens und Gestaltung der Beziehungen zu anderen Ländern war seit jeher Instrument des Herrschenden, desjenigen, der an der Spitze des Gemeinwesens stand, originäre Aufgabe also der Exekutive. Die Vertretung nach Außen, der Oberbefehl über die Streitkräfte, das Reisen auf Staatsbesuche und das Empfangen ebensolcher im eigenen Land. Diese historisch gewachsene Kompetenzzuweisung finden wir oftmals unverändert auch in heutigen westlichen Regierungssystemen. Der französische Präsident bestimmt über Kriegseinsätze und die Europapolitik seines Landes; der deutsche Außenminister fliegt zu Friedensverhandlungen im Nahen Osten und im Verteidigungsfall fällt der Oberbefehl über die Streitkräfte in die Hände des deutschen Bundeskanzlers. Außenpolitik ist exekutivisch geprägt. Die Parlamente, so die weitreichende Meinung, spielen für zwischenstaatliche und zwischengesellschaftliche Beziehungen eine untergeordnete Rolle. Diesem Vorwurf möchte der folgende Abschnitt nachgehen. Welche Position übernimmt die Legislative in der Außenpolitik, und welche Möglichkeiten besitzt sie, trotz des historisch bestimmten Schwerpunktes bei der Exekutive, ihre Interessen einzubringen und Einfluss auszuüben?

6.1 Die Kontrolle der allgemeinen internationalen Politik der Bundesregierung

Im Bereich der Außenpolitik besitzt der Bundestag, neben direkten Einflussmöglichkeiten wie die Zuständigkeit zur Ratifizierung völkerrechtlicher Verträge, der Zustimmung zu Auslandseinsätzen der Bundeswehr, parlamentarischen Anfragen und schlichten Parlamentsbeschlüssen und der allgemeinen Befassung außenpolitischer Themen im Ausschuss für Äußeres noch weitere mittelbare Einflussfaktoren, wie das konstruktive Misstrauensvotum gegen den Bundeskanzler[178], oder Misstrauensanträge gegen einzelne Minister. Auch behufs der Budgetkontrolle kann der Bundestag einen gewissen Einfluss ausüben.[179]

---

178 Dass ein konstruktives Misstrauensvotum zum Sturz eines Kanzlers wegen eines Außenpolitischen Themas führt, ist zwar ein außergewöhnlicher Vorgang, dem ein zumindest ebenbürtig außergewöhnlicher Vorgang vorangegangen sein muss, doch ein Ding der Unmöglichkeit ist dies nicht, betrachten wir den Fall Willy Brandts, dessen neue Ostpolitik zu heftigen Verwerfungen führte, gar in dem Maße, dass ein Misstrauensvotum angestrebt wurde.

179 Vgl. *Frank Pfetsch*, Einführung in die Außenpolitik der Bundesrepublik Deutschland, Op-
...

In der Gesamtschau jedoch ist die Politik des Äußeren originäre Aufgabe und „zentrale[r] Gestaltungsbereich“[180] der Exekutive, und „funktionell betrachtet nicht Gesetzgebung im Sinne des Art. 20 Abs. 2 Satz 2 GG“[181], weshalb dem Bundestag keine Gestaltungsmacht, sondern nur Kontrollmöglichkeiten zur Verfügung stehen.[182] Eine solche institutionelle Betrachtungsweise auf die rein formalen Kompetenzen des Parlamentes soll hier nicht genügen. Aufgrund der Verbindung zwischen (dem die Regierung stützenden Teil vom) Parlament und der Regierung, aufgrund der politischen Rückversicherung mit der eigenen Mehrheit in den Fraktionen und auch aufgrund des Zwanges zur Abstimmung der außenpolitischen Präferenzen zwischen den koalierenden Regierungsparteien ist der Bundestag ein Ort der Debatte und des Austausches über Außenpolitik. Dabei kommen verschiedenen Funktionsträgern wichtige Schlüsselmomente und Aufgaben zu.

6.1.1 Die Rolle der Fraktionsvorsitzenden

Die Fraktionsvorsitzenden der Regierungsfraktionen nehmen eine Mittlerposition zwischen Bundesregierung und Fraktionen ein, sie beschaffen Mehrheiten, vertreten die Positionen der Regierung und tasten feinfühlig die Stimmung in der Koalition, unter den Abgeordneten zu aktuellen Themen in der Beratung und Entscheidung ab.[183] Es ist keineswegs der Fall, wie ein starres Modell der Gewaltenteilung einen denken lassen würde, dass Regierung und Parlament strikt voneinander abgekapselt ihren Tätigkeiten nachgehen und nur bei den normierten Prozessen aufeinandertreffen. Es herrscht ein reger Austausch und ständige Rückversicherung und Abstimmung der Positionen zwischen Regierungsvertretern und Fraktionsvertretern. Die Fraktionsvorsitzenden sind bei Beratungen der Regierung beteiligt, die Fraktionen selbst beraten intern ihre eigene Haltung und stimmen darüber ab, erheben Bedenken, sehen Umstände kritisch. Der konkrete

---

laden 1981, S. 65ff.; *Günther Patz*, Parlamentarische Kontrolle der Außenpolitik, Meisenhain 1976, S. 12f.

180 BVerfGE 68, 1 (86).

181 *Ibid.*

182 Bezeichnend für die unterschätze, weil mehr informelle, Beteiligung des Bundestages an der Außenpolitik ist beispielsweise *Wilfried von Bredow*, der in seiner Betrachtung der Akteure von Außenpolitik das Parlament nicht einmal mit erwähnt, vgl. *Wilfried von Bredow*, Die Außenpolitik der Bundesrepublik Deutschland, 2. aktual. Aufl., Wiesbaden 2008, S. 44ff.

183 Vgl. *Ernst Majonica*, Bundestag und Außenpolitik, in: *Hans-Peter Schwarz* (Hrsg.), Handbuch der deutschen Außenpolitik, München 1975, S. 112-123, hier 114.

Willensbildung- und Entscheidungsprozess findet in eben diesen Bereichen statt und wirkt selbstverständlich auch auf die Bundesregierung und ihre außenpolitischen Entscheidungen nach. Der Fraktionsvorsitzende, der die Fraktion und somit die Parteilinie nach innen wie nach außen repräsentiert, sowohl die Sitzungen der Fraktion insgesamt, als auch des Fraktionsvorstandes leitet und die Tagesordnung aufstellt und zudem die Fraktion in der Öffentlichkeit und im Bundestag anführt, erfreut sich einer besonders hervorgehobenen Stellung.[184] Dies zeigt sich ebenso in den längeren und häufigeren Redebeiträgen der Fraktionsvorstände im Plenum.[185] Themen, die den Fraktionsvorsitzenden von besonderer Wichtigkeit erscheinen, werden also auch mit besonderer Wichtigkeit behandelt. Ist ein außenpolitisches Thema im Gespräch, so besitzt der Fraktionsvorsitzende die exklusive Stellung, dieses Thema zum Gespräch innerhalb der Fraktion zu machen. Er kann sogar im fraktionellen Intranet des Bundestages Themen von der Fraktionsredaktion zu sogenannten „Sprachregelungen“ formulieren lassen und für die Fraktionsmitglieder zugänglich einstellen lassen.[186] Dem Fraktionsvorsitzenden kommt somit eine Schlüsselstellung zu, der zwischen legislativer und exekutiver Sphäre zukommt, ob er ein Thema behandeln lassen möchte oder nicht.

6.1.2 Der Auswärtige Ausschuss

Der Auswärtige Ausschuss ist, gleichsam dem Verteidigungsausschuss, ein zwingen einzusetzender, besitzt hingegen aber nicht das Recht, sich als Untersuchungsausschuss zu konstituieren. Es ist ihm freigestellt, nebst den von der Regierung oder dem Parlament überwiesenen Gegenständen, alle Fragen der Außenpolitik, die er sich selbst in freier Form stellen und zur Behandlung auftragen mag, zu erörtern.[187] Für besondere Gegenstände und Problemlagen bildet der Auswärtige Ausschuss Unterausschüsse und Arbeitsgruppen, die sich spezifisch und fachkenntlich mit den Themen auseinandersetzen.[188] An den Sitzungen nehmen auch Vertreter der Fachministerien teil, die sowohl Auskunft über Vorgänge erteilen (Kontrolle), als auch die Positionen der Bundesregierung darlegen (Abstimmung). „Dabei dienen die Ausschüsse in erster Linie der Gesetzgebung, doch üben sie teilweise Kontrollfunktion aus, beispielsweise der Auswärtige

---

184 Vgl. *Rausch*, 1976, S. 92.
185 Vgl. *Rudzio* 2006, S. 213.
186 Vgl. Ismayr 2012, S. 97.
187 Vgl. *Rausch* 1976, S. 109.
188 Vgl. *Pfetsch* 1981, S. 69.

Ausschuß, den der Bundeskanzler oder Außenminister über den Stand der Außenpolitik – vor allem vor oder nach entscheidenden Beschlüssen – informieren soll, bzw. muß – wenn der Ausschußvorsitzende seine Befugnisse recht wahrnimmt."[189]

„Die tatsächliche politische Bedeutung des Auswärtigen Ausschusses fand schließlich auch ihren Wiederhall darin, daß seit 1967 nur dann noch neue Verpflichtungen eingegangen werden durften, wenn der Haushaltsausschuß des Parlamentes und der Ausschuß für auswärtige Angelegenheiten gemeinsam diesem Vorhaben ausdrücklich zustimmten."[190]

Grundlegend ist dem zu entnehmen, dass im Bereich der Außenpolitik der Bundestag zwar auf seine üblichen Kontrollmittel zurückgreifen kann – Fragerechte dienen hauptsächlich der Informierung – aber bis auf das konstruktive Misstrauensvotum, was als größte Keule des Parlamentes verstanden wird, und das tunlichst nur in Ausnahmefällen verwendet werden sollte, ist das Verhältnis von Bundestag zu Bundesregierung in den Belangen der auswärtigen Politik mehr von Berichterstattung und Informierung, denn von Kontrolle und Einfluss geprägt. Welche Gründe kann es dafür geben?

6.1.3 Theoretische Unterfütterung für eine exekutivische Außenpolitik

„Die Außenpolitik fordert kaum eine jener Qualitäten, die der Demokratie zu eigen sind, im Gegenteil, den perfekten Gebrauch beinahe aller jener, in denen sie ungenügend ist."[191]

Außenpolitik – das ist Diplomatie, Darstellung, Abmachung, Paktierung, Verhandlung, ein sensibler Bereich, der vor allem auf Vertrautheit und ein vorsichtiges Herantasten gerichtet ist zwischen den Vertretern der Staaten. Das eben verwendete Zitat Alexis de Tocquevilles bezieht sich auf die Demokratiequalitäten der Öffentlichkeit, der (parlamentarischen) Diskussion und der legitimatorischen Rückbesinnung aller hoheitlichen Entscheidungen auf den Volkswillen. Und ebendiese Qualitäten, so Tocqueville, brauche es in der Außenpolitik nicht. Sie benötige vielmehr Verschwiegenheit, Diplomatie im Stillen.

Ganz ähnlich sieht es, wie im Theorieteil dieses Bandes behandelt, Max Weber, der konstatiert, schwebende außenpolitische Überlegungen seien unter keinen Umständen im Plenum eines Parlamentes zu behandeln, sondern gehören in

189 *Rausch* 1976, S. 107.
190 *Patz* 1976, S. 15.
191 *Alexis de Tocqueville*, Über die Demokratie in Amerika, München 1976, S 263.

einen kleinen Kreis, ein vertrauliches Gremium mit Spitzenleuten aus den Parteien. Und auch der vom Bundesverfassungsgericht entwickelte Kernbereich der Exekutive soll ebendies schützen: Beratungen und Sinnfindung der Regierung, auch in außenpolitischen Fragen.

Der außenpolitische Entscheidungsprozess ist in der Tat kein rein parlamentarisches Prozedere, vielmehr reicht die Außenpolitik weit hinein in die Belange des Regierens. Das Regieren, ist *de jure* Aufgabe und Kompetenz der Regierung, die Gesetzgebung Kompetenz des Bundestages. Die Exekutive besitzt qua ihrer Nähe zum Geschehen – sie entsendet die Botschafter, sie erhält die Informationen der Geheimdienste, der Konsuln, der Vertreter bei den internationales Gremien, der Mitglieder der Delegationen bei völkerrechtlichen Organisationen, ihrer eigenen Minister und Staatssekretäre bei der Europäischen Union aus erster Hand – auch die Prärogative zum außenpolitischen Handeln. Sie besitzt also auch *de facto* die Kompetenz zum Regieren, zum außenpolitischen Handeln.

Doch lässt sich unter Verweis auf die Informations- und Handlungsprärogative der Bundesregierung, sowie aus der Unvereinbarkeit von öffentlicher Debatte und Vertraulichkeit von Diplomatie auch schließen, der Bundestag besäße keine Handhabe in außenpolitischen Belangen? Dem ist mitnichten so, wie die nachfolgenden Komplexe der Salienz der Außenpolitik, der Europapolitik und der Verteidigungspolitik zeigen werden. Das deutsche Parlament besitzt erhebliche und weitreichende Kontroll- und Mitwirkungskompetenzen im Rahmen der Europäischen Integration und der Verteidigungs- und Rüstungspolitik Deutschlands. Ihm kommt in den Entscheidungsprozessen nicht nur die starke Rolle eines Vetospielers zu, sonder auch die Position eines Gestalters. Europapolitik und Verteidigungspolitik sind zwei unterschiedliche thematische Bereiche, weisen aber auch beide eine starke Prägung eines sensiblen Politikfeldes auf. Es sind Politikfelder, in denen es sich gezeigt hat, dass es notwendig ist, Akzeptanz und Rückhalt, letztlich Legitimität, in der Bevölkerung herzustellen, um funktionierende Strukturen aufzubauen. Deshalb kommt dem Bundestag eine starke und wachsende Bedeutung für Europa und für die Bundeswehr zu. Letztlich äußert sich dies in den umfassenden Kompetenzen, die in den letzten 20 Jahren noch weiter wuchsen und ausgestaltet wurden.

6.1.4 Über die Salienz der Außenpolitik

Abseits der verfassungsrechtlich normierten Kontrollinstitute des Bundestages gegenüber der Bundesregierung existiert eine Bedingung, von der das Kontrollhandeln der Abgeordneten erheblich abhängt. „Diese zentrale Bedingung ist die Salienz eines außenpolitischen Themas, also dessen Wichtigkeit, Bedeutung oder

Dringlichkeit für die Abgeordneten des Bundestages. Die institutionalisierten außenpolitischen Kompetenzen des Bundestages werden von dessen Mitgliedern nur insoweit in effektiven Einfluss auf Regierungspolitik umgesetzt, wie sie eine außenpolitische Fragestellung als bedeutendes Thema der politischen Agenda wahrnehmen und ihre Aufmerksamkeit auf diese Fragestellung richten.“[192] Die hier zitierte Studie kreist um die Bedingungen, nach denen sich Abgeordnete einem bestimmten Thema verstärkt widmen, dem sie nachgehen und das sie gegenüber anderen Themen bevorzugt behandeln. So stehen also außenpolitische Positionen in Konkurrenz zu allen anderen politischen Kontroversen. Was bewegt Abgeordnete, sich außenpolitischen Themen verstärkt hinzugeben? Die These der Studie lautete, *je höher die Salienz*, also die Wichtigkeit, *eines außenpolitischen Themas* für einen Abgeordneten ist, desto mehr wird er sich mit diesem Thema beschäftigen und *desto mehr wird er seine ihm zur Verfügung stehenden Kontrollinstrumente gegenüber der Bundesrepublik auch einsetzen.*[193] Es wird hier also von der kognitiven Voraussetzung für parlamentarische Kontrolle gesprochen. Die Studie stellte unter anderem fest, dass für die Parlamentarier des 16. Bundestages die Länder USA und Frankreich die wichtigsten internationalen Partner waren und die Europäische Union, sowie die transatlantischen Beziehungen die bedeutungsvollsten internationalen Organisationen und Verflechtungen der Bundesrepublik mit der Außenwelt darstellten. Abschließend konstatiert die Studie, dass anhand der hohen Werte sowohl für Frankreich, als auch für die Europäische Union, der europapolitische Bezug für den Bundestag eine hohe Salienz besitzt und er sich daher vermehrt mit diesem Politikkomplex konfrontiert sieht, woraus auch ein verstärkter Drang an Teilhabe (als Parlament insgesamt) und Kontrolle der Europapolitik der Bundesregierung entstünde.[194] Der These der Studie zufolge, würde diese erhöhte europabezogene Salienz des Bundestages zu vermehrten Kontrollbedürfnissen des Bundestages gegenüber der Europapolitik der Bundesregierung führen. Diese Ergebnisse decken sich mit den nun folgenden europapolitischen Auseinandersetzungen.

---

192 *Thomas Jäger / Kai Oppermann / Alexander Höse / Henrike Viehrig*, Die Salienz außenpolitischer Themen im Bundestag. Ergebnisse einer Befragung der Mitglieder des 16. Deutschen Bundestages, Köln 2006, S. 3.

193 Vgl. *ibid.*, S. 4.

194 Vgl. *ibid.*, S. 17.

6.2 *Die parlamentarische Kontrolle und Beteiligung des Bundestages an der Integration der Europäischen Union*

Der besondere Fall der Außenpolitik der Bundesregierung, die Europapolitik, die durch die krisenhaften Zustände der letzten Jahre zu mehrfachen völkerrechtlichen Verträgen und Kompetenzverlagerungen hin zur Ebene der Europäischen Union führte, ist von einem weiteren, besonderen Exekutivcharakter gezeichnet. Ein parlamentarisches europäisches System besteht noch längst nicht. Das Europaparlament besitzt weder die gesetzgeberischen Kompetenzen eines nationalen Parlamentes, so übt es kein Initiativrecht aus, noch hat es vergleichbare Kontrollrechte gegenüber der Europäischen Kommission. Die Reformanstrengungen der europäischen Regierungen während der Finanzkrise tragen ebenfalls vornehmlich exekutive Züge, betrachtet man die Errichtung der europäischen Rettungsschirme und deren Verwaltung, beispielsweise den Verwaltungsrat des ESM, so lässt sich keine parlamentarische Verantwortung gegenüber dem Europaparlament erkennen. Gleiches lässt sich für die Finanzpolitik der Europäischen Zentralbank der letzten Monate konstatieren. Wenn man sich gleichzeitig vor Augen hält, dass die beachtlich hohe Zahl von zwei Dritteln aller in Deutschland geltenden Gesetze durch EU-Rechtsnormen bestimmt sind[195], direkt gelten oder in innerstaatliches Recht umgesetzt wurden, und die Tatsache bedenkt, wie die gesellschaftliche und mediale Debatte, ganz gleich der politischen selbstverständlich, sich des Themas Europa vergegenwärtigt, unbenommen ob in ablehnendem oder zustimmendem Ton, so kommt man nicht umhin, dieser kontinentalen und einzigartigen Entwicklung ihre Bedeutung beizumessen. In dieser Perspektive bleibt es für den Betrachter letztlich unerheblich, wie er den Fortgang bewertet, angesichts der massiven Gewichtsverlagerungen hin zu überstaatlichen Institutionen, bleibt immer die Frage nach der legitimatorischen Abfederung in den Nationalstaaten, denn eines sei vollkommen klar, Hoheitsrechte zu übertragen an eine Institution, die außerhalb oder oberhalb des bisherigen Leviathans steht, ist eine kritisch zu begleitende Angelegenheit. Nun ist der Fortgang in fast unumkehrbarer Weise, auch wenn es viele Kritiker nicht wahrhaben wollen, in die Richtung der Europäischen Union galoppiert, die intergouvernementale Einrichtung gewinnt demzufolge mehr und mehr Einfluss, noch aber sind die Nationalstaaten die Grundlage europäischen Handelns und werden dies solange auch bleiben, wie nicht die Europäische Union einen noch größeren, weitreichenderen Status erhält, einen mit

---

195 Vgl. *Ismayr* 2012, S. 276.

selbständiger, unabhängiger Rechtsetzungskompetenz, die weit über das hinausgeht, was die Mitgliedstaaten der EU bisher in einzelnen Dosen übertragen, nämlich dem Recht, nicht nur Recht zu setzen, sondern sich selbst auch Rechtsetzungskompetenzen zu geben. Solange dies nicht geschehen ist, erhält die Union ihre Kompetenzen von den Mitgliedstaaten. Wie ist dieser Vorgang parlamentarisch abgesichert? Wie vergewissert sich Europa seiner demokratischen und parlamentarischen Entwicklung? Trotz Feststellung des gouvernementalen Charakters, den die Europäische Union und ihr Entwicklungsprozess bis heute trägt – denn nicht zuletzt wurde und wird Europa als Elitenprojekt bezeichnet, dass vergisst seine Bürger mitzunehmen – will dieser Abschnitt ein Licht darauf werfen, welche hergebrachten Mitwirkungsrechte der Bundestag im Zuge der Europäischen Integration innehat und inwieweit sich neue Wege der Parlamentarisierung erkennen lassen. Letztlich stellt sich also die Gretchenfrage nach den europapolitischen Kompetenzen des Bundestages.

6.2.1 Die unionswärtige Gewalt

Der von Rath geprägte Begriff der *unionswärtigen Gewalt*, abgeleitet von der auswärtigen Gewalt „umfasst die Ausübung und Ausgestaltung bundesdeutscher Mitentscheidungsrechte im Rahmen der Europäischen Union sowie alle hierauf gerichteten staatlichen Tätigkeiten. Sie stellt damit einen klar umrissenen Bereich der deutschen Staatsgewalt dar.“[196] Eine Angelegenheit im Rahmen der EU verdeutlicht keinen eng umfassten und begrenzten Begriff, der lediglich auf das Primäre, die Rechtssetzungsakte der EU, bezogen ist, sondern die umfängliche Bandbreite europapolitischer Interessen und Interaktionen.[197] Ausgehend von der Annahme, die Bundesrepublik Deutschland habe diese unionswärtige Gewalt inne, wird sie gesamthänderisch staatsleitend auch dem Bundestag zu eigen. Dies soll den Grundstein für die folgenden Betrachtungen liefern.

---

[196] *Christian Rath*, Entscheidungspotenziale des Deutschen Bundestages in EU-Angelegenheiten. Mandatsgesetze und parlamentarische Stellungnahmen im Rahmen der unionswärtigen Gewalt, Baden-Baden 2001, S. 19.

[197] Rath zählt dazu auf: Mitwirkung an der EG, Mitwirkung an der GASP, an der polizeilichen und justiziellen Zusammenarbeit, Belange des Europäischen Rates, Mitwirkung an Interorganakten der EU, Vertragsänderungen des Primärrechtes, Beschlüsse im Ministerrat, Abkommen zwischen EU-Mitgliedern, Beteiligung an Verfahren vor dem Europäischen Gerichtshof und an Vertragsverletzungsverfahren.(S. 20)

6.2.2 *Die hergebrachten Mitwirkungs- und Zustimmungskompetenzen*

Welche Kompetenzen werden dem Bundestag im Bezug auf die Europäische Union und in Bezug auf die Tätigkeit der Bundesregierung in europapolitischen Angelegenheiten zuteil?

Mit der Ratifizierung des Maastricht-Vertrages und der einhergehenden Gründung der Europäischen Union wurden auch die Artikel 23 und 45 des Grundgesetzes mit verfassungsändernder Mehrheit neugestaltet.[198] Für *Übertragungen von Hoheitskompetenzen* an die Europäische Sphäre ist die verfassungsändernde Mehrheit von zwei Dritteln der Mitgliederstimmen im Bundestag und im Bundesrat vonnöten. Art. 23 II GG verpflichtet die Bundesregierung, den Bundestag (und die Länder mittels Bundesrat) an der *Fortentwicklung der Europäischen Union mitwirken* zu lassen; sie hat zu diesem Zwecke „Bundestag und den Bundesrat umfassend und zum frühestmöglichen Zeitpunkt zu unterrichten." Präzisierung erhielt dieses Prozedere durch das Gesetz über die Zusammenarbeit von Bundesregierung und Deutschem Bundestag in Angelegenheiten der Europäischen Union (EUZBBG).[199]

Der EU-Ausschuss des Bundestages

Durch die Änderung des Artikel 45 GG wurde ein spezialcharakterlich ausgestatteter *Ausschuss für EU-Angelegenheiten* begründet, der in seinem Wesenszug, behufs seiner Verankerung in der Verfassung, und aufgrund seiner nicht fachlich gebundenen, sondern umfassend begründeten Aufgabe in allen Belangen der Europäischen Union den Fachausschüssen des Bundestages entgegensteht. Noch bis in das Jahr 1978 wurden alle Vorlagen für europäische Belange direkt als Bundestagsdrucksachen verteilt, jedoch wuchs mit der Bedeutung und der Vertiefung der Integration die Menge an Dokumenten in dem Maße, dass man dazu überging, allein die Titel der Vorlagen selbst als eine Drucksache in Form einer Sammelübersicht[200] herauszugeben.[201] Die anschließende Behandlung der Vorlagen lag im Wirkungskreis des Ausschusses für Angelegenheiten der Europäischen Union. Mit der Verfassungsänderung und dem Bundesverfassungsgerichtsurteil im Zuge der integrativen Wirkung des Maastricht-Vertrages kam dem

---

198 Vgl. *Ismayr* 2012, S. 276.

199 BGBl. I 1993, S. 311.

200 § 93 VI GeschOBT.

201 Vgl. *Christian Demuth*, Der Bundestag als lernende Institution. Eine evolutionstheoretische Analyse der Lern- und Anpassungsprozesse des Bundestages insbesondere an die Europäische Union, Baden-Baden 2009, S. 169.

am 14.12.1994 konstituierten Europaausschuss eine tragende Rolle zu, er wurde gar bezeichnet als „Transparenzproduzent, Demokratiegarant und Legitimationsspender in einem.“[202] Grundlegend befasst sich der Ausschuss mit den supranationalen Positionen der Europäischen Union, diese erstrecken sich auf die eigene Unionsmitgliedschaft und die Aufnahme neuer Mitgliedschaften, die Zuständigkeiten und Organe und Verfahren der EU sowie ihre rechtlichen Grundlagen. Eine maßgebliche Aufgabe kam dem Ausschuss in der Vorbereitung EU-Osterweiterung zu.[203] Neben diesen supranationalen und primärrechtlichen Belangen behandelt er weitergehend auch Interessen der Gemeinsamen Außen- und Sicherheitspolitik.[204] Tatsächlich ist jedoch auch festzustellen, dass der EU-Ausschuss nicht alleinig jegliche Belange der Europäischen Union bearbeitet, sondern sehr wohl die Fachausschüsse mit EU-Vorlagen ihrer jeweiligen fachlichen Sphäre betraut waren.[205] Eine besonders hervorzuhebende Rolle spielt der Ausschuss im Zuge von Vertragsänderungen auf europäischer Ebene, denn er tritt bereits während der Verhandlungen, also bereits *ex ante* und nicht nur als *ex post* Kontrolle oder beeinflussendes Organ auf und kann so die nationalparlamentarischen Positionen des Bundestages hervorheben. „Von Beginn der [den Vertrag von Nizza] vorbereitenden Regierungskonferenz an bis zu ihrem Ende, also vom 14. Februar bis zum 9. Dezember 2000, hat sich der Europaausschuss in nahezu jeder Sitzung über den jeweiligen Stand der Regierungskonferenz auf dem Laufenden gehalten.“[206] Durch seine thematische Offenheit ist dem EU-Ausschuss des Bundestages auch eine sehr ausladende Kompetenz gereicht worden. Dass sich die übrigen Fachausschüsse des Bundestages mit spezifischeren Themen in Bezug auf Europa verständigen, ist dabei keinesfalls schädlich. Denn weder kann dem EU-Ausschuss eine Allkompetenz für alle Politik- und Lebensbereiche zugemutet werden (oder wenn, nur unter qualitativen Abstrichen), noch ist es ein Malus für den Bundestag insgesamt, wenn sich mehrere Ausschüsse und somit auch viele verschiedene Abgeordnete mit europapolitischen Themen beschäftigen. Dies wirkt vielmehr integrierend und akzeptanzfördernd.

---

[202] *Michael Fuchs*, Der Ausschuss für Angelegenheiten der Europäischen Union des Deutschen Bundestages, in: ZParl 2004, Jg. 35, H. 1, S. 3-24, hier 8.

[203] Vgl. *Felix Hauck*, Mitwirkungsrechte des Bundestages in Angelegenheiten der Europäischen Union, Berlin 1999, S. 55.

[204] Vgl. *Fuchs* 2004, S. 13.

[205] Vgl. *Rath* 2001, S. 62.

[206] *Fuchs* 2004, S. 13.

Die Einbindung des Bundestages durch das EUZBBG

Das Gesetz über die Zusammenarbeit der Bundesregierung und des Bundestages in Angelegenheiten der Europäischen Union[207] ist die Konkretisierung der verfassungsrechtlich aus Art. 23 und Art. 45 GG hervorgehenden Beteiligung des Bundestages. Das EUZBBG bildet den Schwerpunkt der Mitbestimmungsprozesse durch seine politisch-verfahrensrechtlichen Normierungen ab.[208] Das EUZBBG will grundlegend die parlamentarischen Beteiligungsrechte garantiert wissen. § 1 I EUZBBG wiederholt zunächst den politischen Willen und die verfassungsrechtliche Ausgestaltung des Art. 23 GG, indem festgestellt wird, dass der Bundestag an der Europäischen Integration mitwirkt. § 2 EUZBBG konkretisiert die Einrichtung des durch Art. 45 GG zwingend einzusetzenden Europaausschusses. Interessant an dieser Stelle ist die tiefergehende Ausgestaltung des Ausschussrechtes, vertretend für den gesamten Bundestag Stellungnahmen abzugeben. Der Bundestag kann seine Rechte der Stellungnahme, seine Rechte gegenüber der Bundesregierung und seine (Zustimmungs-)Rechte im Rahmen der EU-Normen dem EU-Ausschuss übertragen. Hier finden wir einen Zwischenschritt der Delegationskette zwischen Prinzipal und Agent vor, weil der Prinzipal seine Vormachtstellung an ein ihm selbst angegliedertes Unterorgan delegiert und erst von diesem aus an Einrichtungen des Agenten weiterdelegiert wird. Im Sinne der *delegation and checkes* kann der Bundestag seine Ermächtigung selbstverständlich wieder zurücknehmen. In § 3 I EUZBBG wird ebenso die Sprachwendung der Unterrichtung durch die Bundesregierung in EU-Belangen wiederholt. Sie sei „umfassend, zum frühestmöglichen Zeitpunkt und fortlaufend." In Satz zwei wird aber konkretisiert, die Unterrichtung hat schriftlich durch die Weiterleitung von Dokumenten und durch Berichte der Bundesregierung zu erfolgen. Eine mündliche Unterrichtung habe nur ergänzende und erläuternde Funktion, insofern kann die Bundesregierung sich nicht auf eine Unterrichtung berufen, wenn sie Vertreter der Fraktionen im Deutschen Bundestag nur telefonisch von europäischen Gipfeln mit Entscheidungsprozessen berichtet. Die Schriftform ist zwingend. Weiterhin muss die Unterrichtung auch inhaltlich umfassend sein. Dem Bundestag muss dadurch eine Befassung mit dem Thema ermöglicht werden (§ 3

---

207 Ursprüngliche Fassung vom 12.03.1993 (BGBl. I 1993, 311), neugefasst am 04.07.2013 (BGBl. I 2013, 2170).

208 Vgl. *Alexander Koch*, Beteiligung von Bundestag und Bundesländern in Angelegenheiten der EU, in: *Andreas von Arnauld / Ulrich Hufeld* (Hrsg.), Systematischer Kommentar zu den Lissabon-Begleitgesetzen, Baden-Baden 2011, 3. Teil, 9. Abschnitt, Rn. 4, S. 312.

I S. 4 EUZBBG) und sie muss insbesondere den Willensbildungsprozess innerhalb der Regierung (was *de facto* einer Beschneidung des Kernbereiches der exekutiven Eigenverantwortung gleichkommt), sowie den Fortgang der Beratungen in den Gremien und Organen der Europäischen Union abdecken. Diese Unterrichtung scheint also tatsächlich umfassenden Charakter haben zu müssen. Denn selbst die Beratungen von informellen Ministertreffen (§ 3 III EUZBBG) sind Gegenstand der Unterrichtung. Interessanterweise wurde in § 3 IV EUZBBG direkt Bezug auf den Kernbereich der exekutiven Eigenverantwortung genommen und normiert, dieser bleibe von den Unterrichtungspflichten unberührt. Wenn die Bundesregierung jedoch gleichsam verpflichtet ist, ihren eigenen Willensbildungsprozess mitzuteilen, was endlich eben der Definition des Kernbereiches, nämlich der noch im Prozess sich befindenden Beratung der Bundesregierung gleichkommt, so ist eine Abgrenzung an dieser Stelle schwierig zu beurteilen. Eine Einhaltung der Kernbereichsgrenzen kann nicht absolut garantiert werden.

„Der Bundestag muss bereits im Voraus und so rechtzeitig informiert werden, dass er sich über den Gegenstand der Sitzungen sowie die Position der Bundesregierung eine Meinung bilden und auf die Verhandlungslinie und das Abstimmungsverhalten der Bundesregierung Einfluss nehmen kann. Berichte über Sitzungen müssen zumindest die von der Bundesregierung und von anderen Staaten vertretenen Positionen, den Verlauf der Verhandlungen und Zwischen- und Endergebnisse darstellen sowie über eingelegte Parlamentsvorbehalte unterrichten.“[209] Auch Stellungnahmen, Entwürfe, Initiativen und Konsultationsbeiträge der übrigen Regierungen der Mitgliedstaaten der EU übersendet die Bundesregierung an den Bundestag, ebenso inoffizielle Dokumente, die der Regierung vorliegen.

§ 8 EUZBBG regelt das Verfahren für Stellungnahmen des Bundestages im Prozess der Verhandlungen von EU-Angelegenheiten. Dazu gibt die Bundesregierung dem Bundestag vor ihrer Mitwirkung an den Entscheidungen und Akten der Union Gelegenheit zur Stellungnahme, wobei sie verpflichtet ist, dem Bundestag mitzuteilen, bis zu welchem Zeitpunkt eine Stellungnahme im Entscheidungsprozess angemessen erscheint. Die Stellungnahme muss den Verhandlungen der Bundesregierung zugrundeliegen. Sollte die Stellungnahme des Bundestages in den europapolitischen Verhandlungen nicht durchsetzbar sein, so muss die Bundesregierung im europäischen Entscheidungsprozess einen Parlamentsvorbehalt einlegen und mit dem Bundestag Rücksprache in Form einer umfas-

[209] § 4 I Nr. 2 EUZBBG.

senden Unterrichtung über die Situation der Verhandlungen halten. Dem Bundestag muss die Gelegenheit zu einer Beschlussfassung gegeben werden. Wird letztlich im europäischen Willensbildungsprozess eine von der Beschlussfassung des Bundestages unterschiedliche Entscheidung getroffen, muss die Bundesregierung dem Bundestag darüber die Gründe darlegen, auf Verlangen eines Viertels der Bundestagsmitglieder hat sie dies im Plenum vorzutragen.

Unter dem Eindruck der theoretischen Grundlagen von Außenpolitik und den nur mäßig ausgestatteten Kontrollrechten des Parlaments in allgemeinen außenpolitischen Fragen kann für europapolitische Belange eine gestärkte Rolle des Deutschen Bundestages konstatiert werden. Europabezogene Außenpolitik findet keineswegs mehr in unantastbaren Sphären statt, die Unterrichtung von Vorgängen ist vielmehr weitreichend und unmittelbarer als je zuvor.

6.2.3 Die Subsidiaritätsprüfung

Nach Art. 23 Ia GG besitzt der Bundestag ein ihm eingeräumtes Klagerecht vor dem Europäischen Gerichtshof für Verstöße von europäischen Rechtsakten gegen das Subsidiaritätsprinzip. Das Prinzip „besagt in seinem Grundsatz, dass das, was die kleinere Einheit in ausreichendem Maße versehen kann, nicht durch die größere Einheit versehen werden soll. Teilweise wird als weiteres Kriterium für eine Aufgabenwahrnehmung durch die größere Einheit gefordert, dass diese dazu besser in der Lage sein muss."[210] Wenn also die Mitgliedstaaten Regelungsinhalte besser vor Ort entscheiden können, als die Europäische Union im Gesamten, so hat die EU in diesen Punkten keinerlei Handhabe. Das Subsidiaritätsprinzip ist demnach neben dem Prinzip der begrenzten Einzelermächtigung eine weitere nötige Voraussetzung für die Zuständigkeit der EU. Auf nationaler Ebene wird die Einhaltung des Subsidiaritätsprinzips kontrolliert. Dies geschieht in Deutschland zum einen durch die Bundesregierung. Diese Kontrolle durch die Bundesregierung geschieht anhand eines Prüfrasters, das in der Anlage der Gemeinsamen Geschäftsordnung der Bundesministerien zu finden ist.[211] Neben der Subsidiaritätsprüfung der Exekutive kann auch der Bundestag, ebenso wie der Bundesrat EU-Vorgänge auf Subsidiaritätseinhaltung prüfen. Diese Prüfung richtet sich gemäß Art. 5 III EUV für die nationalen Parlamente nach dem Protokoll über die

---

210 *Christine Mellein*, Subsidiaritätskontrolle durch nationale Parlamente. Eine Untersuchung zur Rolle der mitgliedstaatlichen Parlamente in der Architektur Europas, Baden-Baden 2007, S. 124.

211 Vgl. Anlage 8 zu § 74 I GGO.

Anwendung der Grundsätze der Subsidiarität und der Verhältnismäßigkeit vom 16.12.2004. Demnach erhalten die nationalen Parlamente die Übermittlung von geplanten europäischen Gesetzgebungsakten und haben für diese Akte sechs Wochen Prüfzeit. Sieht ein nationales Parlament das Subsidiaritätsprinzip verletzt, so kann es eine begründete Stellungnahme an die Präsidenten des EU-Parlaments, der Kommission und des Rates übermitteln, in dem die Gründe für eine Subsidiaritätsverletzung vorgetragen werden. Wird von einem Drittel der nationalen Parlamente eine Stellungnahme zur Verletzung des Subsidiaritätsprinzips eingereicht, so muss der Entwurf geprüft werden. Für die Fälle, in denen der Bundestag einen Verstoß gegen das Prinzip aus Art. 5 I, III EUV feststellt, wirkt er nach dem beschriebenen Verfahren des EUZBBG auf die Bundesregierung ein, die den Sachverhalt wiederum im Rahmen der europäischen Entscheidungsprozesse vorträgt. Für einen tatsächlichen Verstoß besitzt der Bundestag letztlich das Klagerecht vor dem EuGH, dass ihm durch Art. 23 Ia GG gegeben ist.

6.2.4 Neue Tendenzen der Zustimmung und Mitwirkung des Deutschen Bundestages und die Rolle des Bundesverfassungsgerichtes

Art. 48 des EU-Vertrages folgend und mit Art. 23 I GG verbindend ergibt sich zunächst die grundsätzliche Norm der Zustimmungspflicht des Bundestages zur Errichtung und Änderung der vertraglichen Grundlagen einer demokratischen, rechtsstaatlichen, sozialen und föderativen Europäischen Union. Änderungen von vertraglichen Bestimmungen benötigen eine Zweidrittelmehrheit, auch im Bundesrat. Dies gilt zudem auch für Verträge wie Beitrittsverträge von neuen Mitgliedern und andere die europäische Sphäre betreffende Verträge.[212] Erörtert man Entscheidungen des Bundesverfassungsgerichtes der letzten Jahre, so ist festzustellen, dass das Gericht der „Integrationsverantwortung" des Bundestages Nachdruck verleihen möchte und daraus abgeleitet, vermehrt Rechte des Bundestages im Zuge einer fortschreitenden europäischen Integration stärkte.

In diesem Zusammenhang gab es drei wegweisende Urteile des Bundesverfassungsgerichts, die hier beleuchtet werden sollen und deren Ableitung für die Stärkung des Parlamentarismus.

---

[212] Vgl. *Rudolf Geiger*, Zur Beteiligung des Gesetzgebers gemäß Art. 23 I GG bei Änderungen und Erweiterungen der Europäischen Union, in: ZG 2003, Jg. 18, S. 193-207, hier 194.

Das EFSF-Urteil

Im Zuge der Vertiefung der Finanzkrise in Griechenland und anderen südeuropäischen Ländern sah sich die europäische Politik gezwungen rettende Maßnahmen einzuleiten, die Staatsinsolvenzen verhindern sollten. Diese kurzzeitigen Kredite sollten über die sogenannte Europäische Finanzstabilitätsfazilität, die am 07.06.2010 gegründet wurde, vergeben werden. Das deutsche Ausführungsgesetz, das Stabilisierungsmechanismusgesetz[213] regelte, dass der Bundestag durch ein verkleinertes Haushaltsgremium aus wenigen Abgeordneten in dringlichen Fällen, die eine Entscheidung des gesamten Deutschen Bundestages nicht abwarten könnten, den Krediten zustimmen sollte. In darauffolgenden Klagen stellte das Bundesverfassungsgericht fest:
„Die Antragsteller machen mit ihrem Antrag eigene Rechte, nämlich Rechte aus ihrem Abgeordnetenstatus nach Art. 38 Abs. 1 Satz 2 GG, geltend. Die Antragsteller haben hinreichend substantiiert die Möglichkeit vorgetragen, dass sie infolge der in Fällen besonderer Eilbedürftigkeit oder Vertraulichkeit vorgesehenen Delegation der parlamentarischen Haushaltsverantwortung auf das Sondergremium nach § 3 Abs. 3 StabMechG und der auf dieses Sondergremium beschränkten Unterrichtungspflicht der Bundesregierung nach § 5 Abs. 7 StabMechG in Rechten verletzt werden, die ihnen durch das Grundgesetz übertragen worden sind.“[214] Die haushalterische Funktion ist Aufgabe und Recht eines jeden einzelnen Abgeordneten und sie kann nicht auf kleine Gremien delegiert werden.

„Seine Repräsentationsfunktion nimmt der Deutsche Bundestag grundsätzlich in seiner Gesamtheit wahr, durch die Mitwirkung aller seiner, nicht durch einzelne Abgeordnete, eine Gruppe von Abgeordneten oder die parlamentarische Mehrheit.“[215]„Diese Grundsätze gelten auch bei der Wahrnehmung der haushaltspolitischen Gesamtverantwortung des Deutschen Bundestages in einem System intergouvernementalen Regierens. Sie verlangen, dass der Deutsche Bundestag der Ort ist, an dem eigenverantwortlich über Einnahmen und Ausgaben entschieden wird, auch im Hinblick auf internationale und europäische Verbindlichkeiten. Es ist dem Deutschen Bundestag daher untersagt, seine Budgetverantwortung auf andere Akteure derart zu übertragen, dass nicht mehr überschaubare budgetwirksame Belastungen ohne seine vorherige konstitutive Zustimmung eingegangen werden.“[216]

---

213 BGBl. I 2010 S. 627.
214 BVerfG, 2 BvE 8/11 vom 28.2.2012, Rn. 97.
215 *Ibid.*, Rn. 102.
216 *Ibid.*, Rn. 109.

In seinem Wortlaut eindeutig, schuf das Gerichtsurteil Klarheit und Richtung für die Abgeordneten und auch für die Bundesregierung. In Folge dessen wurde das StabMechG umformuliert und in § 3 nunmehr ein umfassender Parlamentsvorbehalt eingeführt, den die Bundesregierung bei europapolitischen Verhandlungen nicht umgehen kann. *Das Haushaltsrecht liegt in der Entscheidung der Gesamtheit des Parlamentes.* Dies war die erste parlamentsstärkende Entscheidung des Bundesverfassungsgericht, die wir hier betrachten.

Die ESM-Entscheidung

Auch mit Bestehen und Arbeiten des EFSF war die Finanzkrise in europäischen Staaten nicht beherrschbar geworden, was nach weiteren Maßnahmen im Rahmen einer europäischen Finanzpolitik rief. Der EFSF war als Provisorium gedacht und es benötigte eines neuen und dauerhafteren Instruments für die Vergabe von Krediten. Im Zuge dessen sollte der Europäische Stabilitätsmechanismus ESM gegründet werden. Als völkerrechtlicher Vertrag konzipiert, ist seine vorrangigste Aufgabe, mittels Notkrediten und Garantieübernahmen Staaten finanzielle Hilfe zu leisten, bis diese konjunkturelle Aufschwünge erzielen und ihre finanziellen Schieflagen wieder beheben können. Der Bundestag und der Bundesrat stimmten mit jeweiliger Zweidrittelmehrheit für die Ratifizierung des Vertrages dem Zustimmungsgesetz zum ESM zu.[217] Auch in diesem Vertrag sind erhebliche haushaltspolitische Kompetenzen des Bundestages berührt, weshalb sich erneut eine Reihe von Klagen vor dem Bundesverfassungsgericht sammelte. Insbesondere die Vorwürfe einer unbegrenzten Haftung Deutschlands als eine Interpretation des Art. 8 V ESM-Vertrag, sowie Informationszurückhaltungen der Art. 32 V, 34 und 35 I ESM-Vertrag wurden als unvereinbar mit der haushaltspolitischen Prärogative des Bundestages sowie der Finanzhoheit der Bundesrepublik insgesamt angesehen. In seinem Urteil wies das Bundesverfassungsgericht zwar die Klagen zurück, betonte aber ausdrücklich die unumgängliche Rolle des Bundestages in finanzpolitischen Fragen.

„Würde über wesentliche haushaltspolitische Fragen ohne konstitutive Zustimmung des Bundestages entschieden oder würden überstaatliche Rechtspflichten ohne entsprechende Willensentscheidung des Bundestages begründet, so geriete das Parlament in die Rolle des bloßen Nachvollzuges und könnte die haushaltspolitische Gesamtverantwortung im Rahmen seines Budgetrechts nicht mehr wahrnehmen.“[218]

---

217 BT Plenar-Protokoll Nr. 17/188.

218 BVerfG, 2 BvR 1390/12 vom 12.9.2012, Rn. 107.

„Der Deutsche Bundestag kann seine haushaltspolitische Gesamtverantwortung nicht ohne ausreichende Informationen über die von ihm zu verantwortenden Entscheidungen von haushaltsrechtlicher Bedeutung wahrnehmen. Das Demokratieprinzip des Art. 20 Abs. 1 und Abs. 2 GG gebietet daher, dass der Deutsche Bundestag an diejenigen Informationen gelangen kann, die er für eine Abschätzung der wesentlichen Grundlagen und Konsequenzen seiner Entscheidung benötigt. In seinem Kern ist dieser parlamentarische Unterrichtungsanspruch deshalb auch in Art. 79 Abs. 3 GG verankert. Die ausreichende Information des Parlaments durch die Regierung ist daher notwendige Voraussetzung einer effektiven Vorbereitung seiner Entscheidungen und der Ausübung seiner Kontrollfunktion. Dieser Grundsatz gilt nicht nur im nationalen Haushaltsrecht (vgl. etwa Art. 114 GG), sondern auch in Angelegenheiten der Europäischen Union (vgl. Art. 23 Abs. 2 Satz 2 GG).“[219]

Im Ergebnis kann der ESM-Vertrag *nicht* so ausgelegt werden, dass für die Bundesrepublik *ohne die Zustimmung des Bundestages* in seiner Gesamtheit *höhere Verbindlichkeiten* an monetären Krediten entstehen, als dies im ESM-Vertrag festgelegt ist. Gleichsam ist der ESM-Vertrag nur in dem Sinne wirksam, wie der Bundestag seine umfassenden Unterrichtungsrechte tatsächlich geltend machen kann.

Das Unterrichtungspflichten-Urteil vom 19.06.2012

Im Vorfeld der Errichtung des ESM entflammte die Debatte um den Abstimmungscharakter der Zustimmung zum ESM-Zustimmungsgesetz. Im Kern drehte es sich um die Frage, ob ein Vertrag, wie der des ESM, der ein völkerrechtlicher Vertrag ist und kein Änderungsvertrag der primärrechtlichen Europäischen Verträge, ein Vertrag also, der grundsätzlich außerhalb der Institution Europäische Union steht, aber doch ganz fundamental mit der europäischen Integration zusammenhängt, ob solch ein Vertrag also nach Art. 23 GG mit einer Zweidrittelmehrheit ratifiziert werden muss, oder aber mit einfacher Mehrheit wie übliche völkerrechtliche Verträge gemäß Art. 59 II GG in Bundestag und Bundesrat Zustimmung erhalten kann. Dazu urteilte das Bundesverfassungsgericht:

„Zu den Angelegenheiten der Europäischen Union im Sinne von Art. 23 Abs. 2 GG gehören Vertragsänderungen und entsprechende Änderungen auf der Ebene des Primärrechts (Art. 23 Abs. 1 GG) sowie Rechtsetzungsakte der Europäischen Union (Art. 23 Abs. 3 GG). Um eine Angelegenheit der Europäischen Union handelt es sich auch bei völkerrechtlichen Verträgen, wenn sie in einem

[219] BVerfG, 2 BvR 1390/12, Rn. 111.

Ergänzungs- oder sonstigen besonderen Näheverhältnis zum Recht der Europäischen Union stehen. Maßgebend dafür ist eine Gesamtbetrachtung der Umstände, einschließlich der Regelungsinhalte, -ziele und -wirkungen."[220] Demzufolge benötigte die Abstimmung für die ESM-Ratifizierung eine verfassungsändernde Zweidrittelmehrheit, auch wenn der ESM-Vertrag nur in einem besonderen Näheverhältnis, aber nicht innerhalb der EU steht.

Ein weiterer Streitpunkt drehte sich um die Frage der Unterrichtungspflichten der Bundesregierung gegenüber dem Bundestag nach dem EUZBBG, wie sie hier eben untersucht wurden. Die Abgeordneten der Fraktion Bündnis90/Die Grünen sahen sich in ihren Unterrichtungsrechten während der europäischen Verhandlungen zum ESM verletzt und klagten eine umfassendere und unmittelbarere Informationspolitik der Bundesregierung ein. In seinem zweiten Leitsatz entschied das Bundesverfassungsgericht:

„Die in Art. 23 Abs. 2 Satz 2 GG geregelte Unterrichtungspflicht knüpft an das in Art. 23 Abs. 2 Satz 1 GG verankerte Recht des Deutschen Bundestages auf Mitwirkung in Angelegenheiten der Europäischen Union an. Das Erfordernis der umfassenden Unterrichtung will dem Deutschen Bundestag die Wahrnehmung seiner Mitwirkungsrechte ermöglichen. Dementsprechend ist eine umso intensivere Unterrichtung geboten, je komplexer ein Vorgang ist, je tiefer er in den Zuständigkeitsbereich der Legislative eingreift und je mehr er sich einer förmlichen Beschlussfassung oder Vereinbarung annähert. Daraus ergeben sich Anforderungen an die Qualität, Quantität und Aktualität der Unterrichtung."[221]

Und weiter hieß es in Leitsatz 3:

„Die in Art. 23 Abs. 2 Satz 2 GG genannte Zeitvorgabe „zum frühestmöglichen Zeitpunkt" ist so auszulegen, dass der Bundestag die Informationen der Bundesregierung spätestens zu einem Zeitpunkt erhalten muss, der ihn in die Lage versetzt, sich fundiert mit dem Vorgang zu befassen und eine Stellungnahme zu erarbeiten, bevor die Bundesregierung nach außen wirksame Erklärungen, insbesondere bindende Erklärungen zu unionalen Rechtsetzungsakten und intergouvernementalen Vereinbarungen, abgibt."[222]

Das Urteil hat die Informationsrechte und die Meinungsbildungsprozesse des deutschen Parlamentarismus nachträglich gestärkt. Auch das EUZBBG erhielt infolge des Spruchs eine Anpassung, so wurden beispielsweise die Regelungen

---

220 BVerfG, 2 BvE 4/11 vom 19.6.2012, 1. Leitsatz.
221 BVerfG, 2 BvE 4/11 vom 19.6.2012, 2. Leitsatz.
222 *Ibid.*, 3. Leitsatz.

über völkerrechtliche Verträge im besonderen Näheverhältnis zur Europäischen Integration in § 1 II EUZBBG übernommen.[223] Mit diesen drei europabezogenen Urteilen stärkte das Bundesverfassungsgericht die Rechte und die Stellung des Deutschen Bundestages im Zuge der Europäisierung. *Gesamtheit* des Parlamentes, *Informationsrechte* des Parlamentes und *Abstimmungshürden* des Parlamentes sind es gewesen, die das Bundesverfassungsgericht gegen die exekutivische Entwicklung der Europäischen Einigung entgegensetzte. Der Zweck einer Demokratisierung und einer größeren Legitimierung des Integrationsprozesses ist dabei nicht zu verkennen.

223 BGBl. II 2012 S. 1006, Artikel 2.

6.3 Die parlamentarische Kontrolle der Verteidigungspolitik

Mit der deutschen Wiederbewaffnung musste ein grundlegend neuer Typus deutschen Militärs geschaffen werden. In Abkehr vom Staat im Staate sollten die deutschen Streitkräfte nun auf neuem Fundament, auf einem demokratischen, stehen. Erreicht werden konnte dies nur durch die Installation erheblicher Kontrollmöglichkeiten des Deutschen Bundestages. Die Rechte, die mit der Wehrverfassung im Grundgesetz Einzug erhielten, sind umfassend. Unabhängig von der Bundesregierung besitzt der Bundestag Kompetenzen, die Bundeswehr zu überwachen, zu gestalten, für Einsätze zu legitimieren, oder aber Einsätze zu verhindern, wenn die Volksvertreter dies für falsch erachten. Ohne Zustimmung des Parlaments wird die Bundeswehr nicht aktiv. Dabei sind die Kontrollrechte auf verschiedene Weise formalisiert. Ob Verfassungsrechtlich, einfachgesetzlich, oder per Geschäftsordnung. Unterteilen lassen sich letztlich die Kompetenzen in Kontrolle allgemeiner oder wehrrechtlicher Natur, sowie in vorherige, permanente und nachträgliche/korrigierende Kontrolle. Letztlich muss festgehalten werden, dass die Bundeswehr zu Recht ein *Parlamentsheer* genannt wird.

Unter dem Eindruck des im Juni 1950 ausbrechenden Korea-Krieges erhitzte sich in Deutschland sowie unter den alliierten Siegermächten des Zweiten Weltkrieges die Diskussion über eine deutsche Wiederbewaffnung. Nach der bedingungslosen Kapitulation und der Besatzung Deutschlands verfolgten die Alliierten eine kompromisslose Abrüstungs- und Entmilitarisierungspolitik in den Besatzungszonen.[224] Gleicher Auffassung verhaftet, sah das Grundgesetz der 1949 gegründeten Bundesrepublik in seiner ursprünglich verkündeten Fassung keinerlei Grundlage für eine erneute Bewaffnung der Bundesrepublik.

Mit dem sich seit 1949 wandelnden Verhältnis zwischen den Vereinigten Staaten von Amerika und der Sowjetunion und den abzusehenden Spannungen auf Kontinentaleuropa wurde auch die Forderung nach einem deutschen Beitrag zur Verteidigung Westeuropas lauter.[225] Der Wandlung dieser Grundwerte der jungen Bundesrepublik entgegengesetzte Proteste aus Frankreich und Deutschland begegnete man schließlich mit den Pariser Verträgen vom 23.10.1954, welche die Rüstungskontrolle und das Verbot von ABC-Waffen in Deutschland vor-

---

224 Vgl. *Josef Stalin / Harry Truman / Clement Attlee*, Mitteilung über die Dreimächtekonferenz von Berlin vom 02.08.1945, Potsdam 1945, Teil 3, A, 3 (Potsdamer Abkommen).

225 Vgl. *Walter LaFaber*, America, Russia and the cold war, New York 1991, S. 62; *Harry Truman*, Memoirs, Bd. 2, Years of Trial and Hope, New York 1956, S. 113 ff.; *Winfried von Bredow*, Militär und Demokratie in Deutschland, Wiesbaden 2008, S. 82 f.

sahen. Am 09.05.1955 wurde die Bundesrepublik als Mitglied in die NATO aufgenommen.

Durch die Erfahrungen des Dritten Reiches und der Rolle der Wehrmacht wollte man im Zuge der neuerlichen Bewaffnung ein neues Wehrkonzept vorlegen, das sich als grundlegende Abkehr vom Militär als „Staat im Staate“[226] verstand. Das Konzept des „Parlamentsheeres“ sollte die Streitkräfte auf ein demokratisches Fundament heben und eine funktionierende Kontrolle ermöglichen. Mit dem *Siebten Gesetz zur Änderung des Grundgesetzes* vom 06.03.1956 fügte der verfassungsändernde Gesetzgeber dieses Konzept in die Verfassung ein.[227] Die Wehrverfassung war entstanden.

6.3.1 Besondere wehrverfassungsrechtliche Kontrollrechte

Die in Kapitel 4 und 5 behandelten parlamentarischen Kontrollrechte sind allgemeiner Natur und können ohne weiteres für den Verteidigungsbereich angewendet werden. Informationsrechte spielen selbstverständlich eine große Rolle und ein konstruktives Misstrauensvotum kann auch aus wehrrechtlichen Gründen angestrebt werden. Doch besitzt der Bundestag zusätzlich weitere speziell die Streitkräfte und die Verteidigungspolitik betreffende Rechte. Zu diesen wehrspezifischen Kontrollrechten gehören die Unterrichtungspflicht, das Haushaltsrecht, das Recht auf Feststellung des Verteidigungsfalles, die Institution des Verteidigungsausschusses sowie das Amt des Wehrbeauftragten und letztlich unter besonderer Hervorhebung der wehrverfassungsrechtliche Parlamentsvorbehalt.

Unterrichtungspflicht nach § 6 Parlamentsbeteiligungsgesetz

Die Verantwortlichkeit des Deutschen Bundestages im Zusammenhang mit Auslandseinsätzen der Bundeswehr besteht nicht allein im Akt der Zustimmung zu diesen.[228]

§ 6 des Parlamentsbeteiligungsgesetzes[229] (ParlBG) schreibt die regelmäßige Unterrichtung des Bundestages über den Verlauf der Auslandseinsätze durch die Bundesregierung vor. Besonders im sensiblen Bereich der Auslandseinsätze ist es fundamentale Voraussetzung, dass ein Abgeordneter gut informiert ist. Das

---

226 Bezieht sich auf *Gordon Craig*, Die preußisch- deutsche Armee 1640-1945. Staat im Staate, Königstein 1980.

227 BGBl. 1956 I, 111

228 Vgl. *Markus Rau*, AVR 2006, 93 (106f.).

229 Gesetz über die parlamentarische Beteiligung bei Entscheidungen über den Einsatz bewaffneter Streitkräfte im Ausland vom 18. 03. 2005, BGBl. I S. 775.

Informationsrecht stellt in diesem Zusammenhang eine „Bringschuld“ der Bundesregierung dar.[230] Allein die Bundesregierung als Exekutive verfügt über die Informationen, die sie von den Befehlshabern und Kommandanten bei Bundeswehreinsätzen vor Ort übermittelt bekommt und der Bundestag als Mitverantwortlicher und Mitbeteiligter muss diese Informationen in vollem Maße erhalten und weitergeleitet bekommen. Durch die regelmäßige Unterrichtung ist gewährleistet, dass die Abgeordneten ihrer Kontrollfunktion im Bereich der Auslandseinsätze nachkommen können.[231]

Das Haushaltsrecht im Bereich der Streitkräftekontrolle

Die Bundesregierung bringt ihren Entwurf für ein Haushaltsgesetz in den Bundestag ein, woraufhin der Bundestag mit den Haushaltsberatungen, hauptsächlich im Haushaltsausschuss[232], beginnt. Das Parlament hat entscheidenden Einfluss auf die finanziellen Mittel der Exekutive, es stimmt nicht nur zu, es gestaltet auch den Haushalt[233], was eine indirekte, aber wirksame Kontrolle der Tätigkeiten und Vorhaben der Exekutive darstellt.[234] Der Haushaltsausschuss gibt schließlich eine Beschlussempfehlung ab, über die der gesamte Bundestag abstimmt. Mit seiner Zustimmung trägt der Bundestag auch die Verantwortung über die finanziellen Mittel und deren Einsatz.[235]

Die größten Finanzierungsgebiete des Bundeshaushaltes stellen die sozialen Leistungen, die Tilgung der Bundesschulden, der Verteidigungsetat und das Ressort Bau und Verkehr – in dieser Reihenfolge – dar, die weiteren Gebiete entsprechen jeweils unter 5% des Gesamtplans.

Der Wehretat lag 2007 bei 10%[236] der ausgegebenen Haushaltsmittel, 2011 bei 10,3%[237] und für den Bundeshaushalt 2012 entsprachen die Verteidigungsausgaben 10,4%[238]. Für das Jahr 2013 sind es schließlich 11% vom Gesamthaushalt.[239] Es lässt sich somit eine konstante Höhe und Position des Verteidigungsetats im

230 Vgl. *Dieter Wiefelspütz*, Der Auslandseinsatz der Bundeswehr und das Parlamentsbeteiligungsgesetz, Frankfurt am Main 2008, S. 371f.; *Andreas Gilch*, Das Parlamentsbeteiligungsgesetz, Würzburg 2005, S. 221.

231 Vgl. *Wiefelspütz* 2008, S. 372.

232 Vgl. *Schmidt* 2007, S. 86.

233 Vgl. *Ipsen* 2013, 9. A. Rn. 452.

234 Vgl. *Theodor Maunz / Günter Dürig*, Grundgesetz, München 2011, Art. 87a, Rn. 11.

235 BVerfGE 90, 286 (385).

236 Vgl. *Katz* 2007, Rn. 505.

237 Berechnet nach dem Haushaltsgesamtplan 2011, BGBl. I 2011, S. 2228 (2240).

238 Berechnet nach dem Haushaltsgesamtplan 2012, BGBl. I 2012, S. 2938 (2950).

239 Berechnet nach dem Haushaltsgesamtplan 2013, BGBl. I 2013, S. 2757 (2773).

Bundeshaushalt feststellen, unter leichter Erhöhung in den vergangenen Jahren. Der verabschiedete Haushalt enthält die Ermächtigung für die Bundesregierung, die bewilligten Mittel auch auszugeben[240], nach ihrem entsprechenden Zweck. Aus diesem Grund muss das Parlament vor der Abstimmung die Teilausgaben genau beraten und diskutieren, um seinen gesetzgeberischen Vorrang vor der Exekutive gerecht zu werden, da der Haushalt als formelles Gesetz ergeht.[241]

Für das Gebiet der Verteidigung schreibt das Grundgesetz in Art. 87a I S. 2 vor, dass sich aus dem Haushaltsplan ergeben muss, um welche *truppenmäßige Stärke* es sich bei der deutschen Bundeswehr handelt und wie ihre *Organisation* aufgebaut ist, weiterhin kann der Bundestag die maximale Truppenstärke bestimmen.[242] Durch Art. 87a GG wird dem Parlament ein Zustimmungsrecht zu zahlenmäßigen oder organisatorischen Änderungen der Bundeswehr zur Hand gereicht.[243]

Es handelt sich offensichtlich um eine gesteigerte Anforderung an den Militärhaushalt im Vergleich zu den übrigen Haushaltsbereichen.[244] Verlangt wird, dass die Streitkräfteentwicklung, genau wie ihre Personal- und Organisationsentwicklung einer parlamentarischen Vorarbeit bedürfen; dass das Parlament einen „rechtserheblichen Einfluss auf Aufbau und Verwendung der Streitkräfte"[245] hat. Dem Bundeshaushaltsplan des Jahres 2013 sind aufgeschlüsselte Einzelpläne der Ressorts inhärent. Zunächst nach insgesamten Einnahmen und Ausgaben gegliedert[246], erfolgt im Weiteren eine exakte Aufschlüsselung der Kosten und Einnahmen der Bereiche Truppen, Bundeswehrverwaltung, Bundeswehruniversität, Unterbringung, Militärbeschaffung, Wehrforschung und weitere.
Entsprechend der nach Art. 87a I S. 2 GG zwingend vorzunehmende Offenlegung beträgt die Truppenstärke im Jahr 2013 212.500 Soldaten.[247] Im Vorjahr betrug die Truppenstärke noch 222500[248], inzwischen greift die Reform der Bundeswehr auch auf die Truppenanzahl zu.

---

240 BVerfGE 20, 56 (90f.); *Hömig* 2013, Art. 110, Rn. 1.
241 Vgl. *Katz* 2007, Rn. 505; *Hömig*, Art. 110, Rn. 3; *Maurer* 2013, § 21, Rn. 61.
242 Vgl. *Christian Raap*, Die Kontrolle der Streitkräfte durch das Parlament, JuS 1996, 980 (981)
243 Vgl. *Ernst-Wolfgang Böckenförde*, Die Organisationsgewalt im Bereich der Regierung, Berlin 1998, S. 324.
244 Vgl. *Dieter Umbach / Thomas Clemens*, Mitarbeiterkommentar und Handbuch, Heidelberg 2002, Bd. 2, Art. 87a, Rn. 38.
245 BVerfGE 90, 286 (382).
246 BGBl. I, S. 2757, Anhang Einzelplan 14, S. 3.
247 BGBl. I, S. 2757, Anhang Einzelplan 14, S. 24.
248 BT-Drs. 17/6600, Anlage Einzelplan 14, S. 19.

Gemäß einer sehr genauen Aufschlüsselung durch den Haushaltsausschuss und die Veröffentlichung im Bundeshaushalt sowie in den Bundestagsdrucksachen sind die Parlamentarier umfangreich informiert und involviert, *bevor* sie dem Verteidigungshaushalt zustimmen; ein gewisser Regierungsauftrag für das Parlament entsteht.[249] Ebenso können sie in den Verhandlungen Einfluss und Änderungen am Verteidigungshaushalt ausüben, was dem Bundestag eine stark kontrollierende Position gibt. Verstößt die Bundesregierung gegen den gesetzlich festgelegten Haushalt für die Verteidigung, so wäre ihr Handeln aufgrund des Art. 87a GG nicht nur rechts- sondern auch verfassungswidrig.[250]

Die Feststellung des Verteidigungsfalles und die Rolle des Verteidigungsministers

Das Grundgesetz sieht in Art. 115a I vor, dass der Bundestag, mit Zustimmung des Bundesrates, die Feststellung trifft, ob ein Verteidigungsfall eingetreten ist. Einem solchen ist beizupflichten, sollte das Bundesgebiet mit Waffengewalt angegriffen werden, oder sollte ein gleichlautender Angriff unmittelbar bevorstehen. Erforderlich für das parlamentarische Verfahren ist der Antrag der Bundesregierung, dem ein Kabinettsbeschluss vorausgehen muss.[251] Art. 115a GG stellt sicher, dass nicht allein die Exekutive über den Verteidigungsfall entscheidet, sondern der Bundestag zwingend an dieser Entscheidung beteiligt ist.

Der Verteidigungsminister, in Friedenszeiten gemäß Art. 65a GG im Besitz der Befehls- und Kommandogewalt über die Streitkräfte, gibt mit der Feststellung des Verteidigungsfalles seine Befugnisse an den *Bundeskanzler* ab. Inhaltlich meinen die Art. 65a und 115b des Grundgesetzes die selben Kommando- und Befehlsbefugnisse um die Gesamtheit der militärischen Leitungsbefugnisse[252] zu erfassen und eine Umgehung zu verhindern. Absicht des Art. 115b GG ist, dass für den Verteidigungsfall „eine Konzentration aller Entscheidungen gewährleistet bleibt“.[253]

Der Verteidigungsminister verliert jedoch nicht all seine Befugnisse. Die Nicht-Streitkräftebereiche, wie die Verwaltung seines eigenen Ministeriums, die Bundeswehrverwaltung, sowie die Bundeswehruniversität bleiben ihm unterstellt. Es erfolgt keine Ablösung, sondern vielmehr eine Unterstellung des Ver-

249 BVerfGE 90, 286 (385).
250 Vgl. *Wolfgang Martens*, Grundgesetz und Wehrverfassung, Hamburg 1961, S. 186.
251 Vgl. *Umbach / Clemens* 2002, Art. 115a, Rn. 16.
252 *Umbach / Clemens* 2002, Art. 115b, Rn. 5; *Raap* 1996, S. 981.
253 *Umbach / Clemens* 2002 Art. 115b, Rn. 17; BT-Drs. 2/ 2150.

teidigungsministers unter den Bundeskanzler.[254] So führt der Verteidigungsminister im Auftrag des Bundeskanzlers weiter seine Tätigkeiten aus.[255]

Dem Bundestag steht gemeinsam mit dem Bundesrat also das Recht zu, über den eventuellen Verteidigungsfall zu befinden. Allein die Regierung kann nicht diesen besonderen Umstand ausrufen. Ein weiteres Mal besitzt der Bundestag ein essentielles wehrrechtliches Kontrollinstrument. Artikel 115b II GG ermöglicht es dem Bundestag, wiederum mit Zustimmung des Bundesrates, den Verteidigungsfall für beendet zu erklären. Auch dieses Recht stellt ein umfassendes Recht zur Kontrolle der Streitkräfte und der sie ausführenden Exekutive dar. Eine übermäßig lange Ausdehnung des Verteidigungsfalles ist entgegen dem Willen des Bundestages nicht möglich, da dem Parlament stets die Möglichkeit zur Beendigung der Situation zusteht. Ihm obliegt die Einschätzung der Verteidigungssituation, nicht der Exekutive.

6.3.2 Der Verteidigungsausschuss des Deutschen Bundestages

Der Verteidigungsausschuss des Bundestages gilt als der „Kern der parlamentarischen Kontrolle über die Armee".[256] Im Rahmen der politischen Entwicklung der – zunächst – Westeuropäischen Einigung, ernannte Bundeskanzler Konrad Adenauer am 23.10.1950 den CDU-Abgeordneten Theodor Blank zum „Beauftragten des Bundeskanzlers für die mit der Vermehrung der alliierten Truppen zusammenhängenden Fragen". Diese „Dienststelle Blank" hatte die Verhandlungen über die Einrichtung einer europäischen Verteidigungsgemeinschaft zu führen und den deutschen Beitrag für die europäischen Streitkräfte zu planen.[257]

Am 10.07.1952 beschloss zudem der Bundestag die Einrichtung des „Bundesausschuss zur Mitberatung des EVG-Vertrages und der damit zusammenhängenden Abmachungen".[258] Dieser EVG-Ausschuss wurde als Sonderausschuss institutionalisiert. Sein Aufgabengebiet sah der Ausschuss selbst in der Militärpolitik und der Rüstungswirtschaft und der rechtlichen Seite der Streitkräfte.[259] Mit dem Ende des Jahres 1952 waren die Verhandlungen über die EVG beendet und der

---

254 Vgl. *Ernst-Wolfgang Böckenförde* 1998, S. 165f.

255 Vgl. *Umbach / Clemens* 2002, Art. 115b, Rn. 17 ff.; 22.

256 Vgl. *Richard Jaeger*, Die wehrrechtlichen Vorschriften des Grundgesetzes, BayVBl 1956, 329 (330).

257 Vgl. *Hans-Joachim Berg*, Der Verteidigungsausschuss des Deutschen Bundestages, München 1982, S. 29.

258 Vgl. Plen.-Protokoll, 1. BT, 222. Sitzung vom 10.07.1952, S. 9923.

259 Vgl. EVG-A Protokoll, 1. BT, 1. Sitzung vom 19.07.1952.

Ausschuss sah seine Aufgabe als erfüllt an.[260] Am 21.01.1953 beschloss der Bundestag, den EVG-Ausschuss in einen ständigen Bundestagsausschuss für Fragen der europäischen Sicherheit umzuwandeln.[261] Diese Umwandlung stellt eine wichtige Zäsur für die deutsche Wehrpolitik dar, war dieser Ausschuss schließlich auch vorgesehen, sollte die EVG nicht umgesetzt werden. Damit zeigte die Regierungskoalition, dass sie die Wiederbewaffnung Deutschlands offensiv verfolgte und entgegen der oppositionellen SPD durchsetzen wollte.[262] Mit der Wehrergänzung des Grundgesetzes wurde das Ministerium für Verteidigung institutionalisiert[263], gleichwohl der betroffene Ausschuss auch in Ausschuss für Verteidigung umbenannt, was zwei Jahre später, am 12.01.1956 stattfand.[264] Mit der zweiten Wehrergänzung von 1956 wurde der Verteidigungsausschuss in der Verfassung festgeschrieben, als Verfassungsorgan anerkannt und institutionalisiert, und bekam seine Sonderstellung durch das eigene Recht, sich selbst in einen Untersuchungsausschuss umzuwandeln.[265]

Ein Ausschuss des Bundestages, eingerichtet auf Grundlage der Geschäftsordnung des Bundestages, hat zur Hauptaufgabe die gesetzgeberische Vorarbeit für das Parlament zu leisten.[266] Der Verteidigungsausschuss steht dem entgegen durch seine zwingende Konstituierung – die vom Grundgesetz verlangt wird – und durch sein Aufgabenspektrum. Denn dieser Ausschuss ist das Ergebnis des Strebens nach parlamentarischer Kontrolle im Wehrbereich und hat diese Kontrolle und weniger die Gesetzgebung als Funktion.[267] Sein Aufgabengebiet ist die Verteidigung. Doch was heißt das genau?

Die einschlägigen Bereiche des Grundgesetzes (Art. 17a, 73, 87a) zum Bereich der Verteidigung sprechen von *militärischer* Verteidigung und *ziviler* Verteidigung, weiterhin auch von wirtschaftlichen Verteidigungsmaßnahmen. Auffällig ist, dass im Art. 45a GG die Klausel „einschließlich des Schutzes der Zivilbevölkerung" fehlt, was dem Verteidigungsausschuss allein für die militärische Verteidigung einen Zuständigkeitsbereich einräumt. Mithin ist der Verteidi-

---

260 Vgl. EVG-A Protokoll, 1. BT, 22. Sitzung vom 03.12.1952.
261 Vgl. Plen.-Protokoll, 1. BT, 245. Sitzung vom 21.01.1953, S. 11678.
262 Vgl. *Berg* 1982, S. 32.
263 Vgl. *Siegfried Mann*, Das Bundesministerium für Verteidigung, Bonn 1971, S. 62.
264 Vgl. Plen.-Protokoll, 2. BT, 122. Sitzung vom 12.01.1956, S. 6488.
265 Vgl. Plen.-Protokoll, 2. BT, 132. Sitzung vom 06.03.1956, S. 6819f.
266 Vgl. *Katz* 2007, Rn. 347; *Berg* 1982, S. 72.
267 Vgl. *Martens* 1961, S. 177; *Heinz Rausch*, Bundestag und Bundesregierung, München 1976, S. 109.

gungsausschuss für den waffentechnischen Bereich und die Bundeswehrverwaltung zuständig.

Darüber hinaus orientiert sich der Verteidigungsausschuss am Zuständigkeitsbereich des Verteidigungsministeriums und daran, ob beispielsweise ein Gesetz faktisch auf dem Gebiet der Verteidigung liegt. Für den Bereich der Gesetzgebungstätigkeit waren die frühen Jahre des Verteidigungsausschusses intensiver, zu nennen seien z.B. das Soldatengesetz[268] und das Wehrpflichtgesetz[269], beide von 1956, und das Soldatenversorgungsgesetz von 1957[270]. Diese frühen Jahre standen eng im Zusammenhang mit der Wehrergänzung des Grundgesetzes und dem grundsätzlichen (auch rechtlichen) Aufbau der Bundeswehr. Erst danach rückte der Aspekt der parlamentarischen Kontrolle vermehrt in den Vordergrund. Der Verteidigungsausschuss ist der ständige, kritische Begleiter für das Handeln der Bundesregierung im Verteidigungswesen.[271] Er wird über alle Aktivitäten der Streitkräfte regelmäßig von der Bundesregierung informiert – insbesondere über den Verlauf von Auslandseinsätzen – er kann eigenständig Anträge formulieren, Änderungsvorschläge diskutieren und beschließen, kann den Wehrbeauftragten zu einem bestimmten Sachverhalt ermitteln lassen und die Jahresberichte des Wehrbeauftragten auswerten und daraus weitere Konsequenzen folgen lassen.

Der Verteidigungsausschuss als Untersuchungsausschuss

Der Verteidigungsausschuss hat gemäß Art. 45a II GG das Recht, sich eigenständig in einen Untersuchungsausschuss umzuwandeln. Das Untersuchungsrecht gilt als ein verschärftes *parlamentarisches Frage- und Kontrollrecht*, welches ein Untersuchungsausschuss unabhängig nutzen kann um die nötigen Informationen zur Klärung zu erhalten.[272] Das heißt, der Untersuchungsausschuss hat die Befugnis der eigenständigen Beweiserhebung. Gleichsam sind Gerichte und Verwaltungsbehörden verpflichtet, gemäß Art. 44 II S. 1, III GG, Rechts- und Amtshilfe zu leisten. Da dem Plenum keine eigene Untersuchungsinitiative auf dem Verteidigungsgebiet zusteht, denn dafür ist der Verteidigungsausschuss zuständig, ergibt sich mithin, dass der Bundestag keine Weisungsbefugnis hat, den Verteidigungsausschuss mit einer Untersuchung zu beauftragen.[273] Der Verteidi-

---

[268] BGBl. I 1956, S. 114.
[269] BGBl. I 1956, S. 651.
[270] BGBl. I 1957, S. 785.
[271] Vgl. *Raap* 1996, S. 981 f.
[272] Vgl. *Berg* 1982, S. 215.
[273] *Ingo von Münch* 2000, Art. 45a, Rn. 9f.

gungsausschuss ist vom Prinzip des Minderheitenschutzes geprägt, das eine echte und wirkungsvolle parlamentarische Kontrolle ermöglichen soll. So kann er sich auf Antrag von einem Viertel seiner Mitglieder in einen Untersuchungsausschuss umwandeln. Mit dem Antrag wird auch das Untersuchungsthema festgelegt, die Untersuchung ist daran gebunden.[274] Für den Untersuchungsausschuss finden die Vorschriften der Strafprozessordnung im Rahmen der Beweiserhebung Anwendung; er kann eigenständig Zeugen vernehmen und kennt den Urkunden-, Sachverständigen- und Augenscheinbeweis. Zeugen können zudem vereidigt werden.[275] Die Bundesregierung hat zum Zwecke der Beweiserhebung die Pflicht zur Auskunft.[276]

Er übt jedoch keine Rechtsprechung, er ist ein politisches Organ und ebenso ist sein Abschlussbericht politischer Natur, was nicht heißen muss, dass dieser ohne Folgen bleibt. Der Untersuchungsausschuss übt eine parlamentarische Kontrolle *im Nachhinein* aus, während der Verteidigungsausschuss eine *permanente* Kontrolle darstellt.

6.3.3 Das Amt des Wehrbeauftragten

Mit der zweiten Wehrergänzung des Grundgesetzes wurde auch das Amt des Wehrbeauftragten eingeführt. Er war verfassungshistorisch in Deutschland unbekannt und ist im Prinzip dem schwedischen Ombudsmann nachempfunden.[277] Er ist das Hilfsorgan des Deutschen Bundestages, das verantwortlich ist für die Bindung der Bundeswehr an das Leitbild des Staatsbürgers in Uniform, er soll helfen, die Bundeswehr in der Gesellschaft zu verankern und ebenso kontrollieren, ob die Grundrechte der Soldaten eingehalten werden.[278] Laut Art. 45b GG ist die Institution Wehrbeauftragter eine zwingend einzurichtende. Er wird auf Weisung des Bundestages oder des Verteidigungsausschusses hin tätig, gemäß § 2 I WBeauftrG. Ebenso wird er laut § 2 II i.V.m. § 3 Nr. 4 WBeauftrG selbstständig tätig. Als Hilfsorgan des Bundestages hat das Bundesministerium für Verteidigung keinerlei Weisungsrechte ihm gegenüber. § 7 WBeauftrG eröffnet ihm eine eigene Petitionsinstanz. Jeder Soldat kann sich persönlich und ohne Mittelweg an den

---

274 § 3 PUAG (Gesetz zur Regelung des Rechts der Untersuchungsausschüsse des Deutschen Bundestages), BGBl I 2001, S. 1142.

275 Vgl. §§ 17-24, 28, 31 PUAG.

276 Vgl. *Berg* 1982, S. 235.

277 Vgl. *Jaeger* 1956, S. 330.

278 Vgl. *Dörthe Rosenow*, Der Wehrbeauftragte im Transformationsprozess, Baden-Baden 2008, S. 15.

Wehrbeauftragten wenden und dabei persönliche, dienstliche oder soziale Probleme im militärischen Alltag ansprechen.[279] Er verfügt weiterhin über eigene Informationsrechte, so hat er laut § 3 WBeauftrG Akteneinsicht beim Verteidigungsministerium und kann an gleicher Stelle Auskunft verlangen. Soldaten, die dem Wehrbeauftragten Einsendungen schicken, kann er im persönlichen Gespräch begegnen. Weiterhin darf er Prozessbeobachter in Straf- und Disziplinarverfahren gegen Soldaten sein.[280]

Der Wehrbeauftragte verfügt über mehrere Funktionen. Zunächst ist er als Hilfsorgan des Bundestages der parlamentarischen Kontrolle verpflichtet. Er muss gemäß § 3 WBeauftrG auf Grundrechtsverstöße und Verstöße gegen den Grundsatz der Inneren Führung[281] reagieren. Er muss die Bundeswehr als Ganze einschätzen und innere Vorgänge und Tendenzen bemerken. Seine Schutzfunktion übt der Wehrbeauftragte im Sinne der Soldatengrundrechte aus.[282] In seinem jährlichen Bericht (§ 21 WBeauftrG), Adressat ist das Parlament, kann er Missstände aufzeigen. Der Bericht bezieht sich hauptsächlich auf den Kontroll- und Petitionscharakter seines verfassungsmäßigen Auftrages, weshalb der Bericht oft einen negativen Ton innehat.[283] Der Wehrbeauftragte übernimmt zusehends eine Rolle der Vertretung der Bundeswehr in der Öffentlichkeit und übt somit auch eine Verteidigungsfunktion für die Bundeswehr aus, um ablehnende Tendenzen aus der Öffentlichkeit abzufangen.[284] Selbstständig Weisungen an Dienststellen der Bundeswehr kann er jedoch nicht erteilen, so bleibt er in seiner Rolle als Bindeglied zwischen Bundestag und Bundeswehr.

6.3.4 Der wehrverfassungsrechtliche Parlamentsvorbehalt

Im Zusammenhang mit der Neuausrichtung der deutschen Außenpolitik und dem vermehrten Vorkommen von Auslandseinsätzen[285] der Bundeswehr entstand, zunächst durch das Bundesverfassungsgericht entwickelt, ein neues parlamentarisches Kontrollrecht, der wehrverfassungsrechtliche Parlamentsvorbehalt.

---

279 Vgl. *Karl Gleumes*, Der Wehrbeauftragte, Berlin 2006, S .17.

280 Vgl. *Rosenow* 2008, S. 28.

281 Die Innere Führung als Prinzip der Demokratie und des Staatsbürgers in Uniform, vgl. dazu: Bundesministerium für Verteidigung, Weißbuch 1994, S. 136; *Karl Gleumes* 2006, S. 13f.

282 Vgl. *Raap* 1996, S. 982.; *Rosenow* 2008, S. 30.

283 Vgl. *Gleumes* 2006, S. 19.

284 Vgl. *Rosenow* 2008, S. 35.

285 Vgl. *Rafael Biermann*, Der Deutsche Bundestag und die Auslandseinsätze der Bundeswehr, ZParl 2004, 607 (607); *Tobias Wagner* 2010, S. 14 ff.

Vor der Rechtsprechung des Bundesverfassungsgerichts war es Staatspraxis und herrschende Staatslehre, dass die Exekutive Trägerin der auswärtigen Gewalt sei und sie die alleinige Kompetenz über Streitkräfteeinsätze innehabe.[286] In seiner Grundsatzentscheidung vom 12.07.1994[287] konstatierte das Bundesverfassungsgericht, dass der „Einsatz bewaffneter Streitkräfte grundsätzlich der vorherigen konstitutiven Zustimmung des Bundestages“[288] bedarf. Einsätze der Bundeswehr im Rahmen von kollektiven Sicherheitssystemen[289], wie der NATO und der Europäischen Gemeinschaft[290] seien verfassungsmäßig nach Art. 87a II GG zulässig.[291] Auf diesem Weg klärte das Bundesverfassungsgericht eine bis dahin stark politisch und verfassungsrechtlich umstrittene Frage.[292]

Parlamentsvorbehalt und Parlamentsbeteiligungsgesetz

Schon in der AWACS-Entscheidung betont das Bundesverfassungsgericht, dass es Aufgabe des Gesetzgebers sei, die parlamentarische Mitwirkung auszugestalten.[293] Es kam schließlich, nachdem man fast zehn Jahre[294] die entstandene parlamentarische Übung zur Zustimmung von Auslandseinsätzen, die ähnlich dem Gesetzgebungsverfahren war[295], praktiziert hatte, zu einem Regelungsbedarf, der im Parlamentsbeteiligungsgesetz mündete[296]. Die FDP hatte im Frühjahr 2003 einen Gesetzentwurf eingebracht, eine SPD-Arbeitsgruppe erarbeitete im Oktober 2003 ebenfalls einen Entwurf.[297] Anfang 2004 brachte die Regierungsfraktion ihren Gesetzesentwurf ein, welcher, leicht verändert, am 03.12.2004 verabschiedet wurde.[298]

---

[286] Vgl. *Phillip Scherrer*, Das Parlament und sein Heer, Berlin 2010, S. 64.

[287] BVerfGE 90, 286 ff. (AWACS-Entscheidung).

[288] BVerfGE 90, 286 (381)

[289] Vgl. *Michael Wild*, Verfassungsrechtliche Möglichkeiten und Grenzen für Auslandseinsätze der Bundeswehr nach dem Kosovo-Krieg, DÖV 2000, 622 (626).

[290] BVerfGE 90, 286 (349ff.).

[291] BVerfGE 90, 286 (345).

[292] Vgl. *Dieter Wiefelspütz*, Der konstitutive wehrverfassungsrechtliche Parlamentsbeschluss, ZParl 2007, 3 (3).

[293] BVerfGE 90, 286 (389f.); Vgl. *Dieter Wiefelspütz*, Der Einsatz der Streitkräfte und die konstitutive Beteiligung des Deutschen Bundestages, NZWehrr, 2003, 133 (134).

[294] Vgl. *Wiefelspütz* 2007, S. 4.

[295] Vgl. *Wagner* 2010, S. 18.

[296] BGBl. I 2005, S. 775.

[297] Vgl. *Wolfgang Weiß*, Die Beteiligung des Bundestages bei Einsätzen der Bundeswehr im Ausland, NZWehrr 2005, 100 (101f.).

[298] Vgl. *Wagner* 2010, S. 19.

Das grundsätzliche Zustimmungsverfahren

Allein die Bundesregierung besitzt die Antragsberechtigung auf Zustimmung zu einem Einsatz der Streitkräfte. Der Bundestag selbst besitzt kein Initiativrecht für eine Truppenentsendung[299] und gleichwohl ist es auch in § 3 I ParlBG ausgeführt. Für den Beschluss zum Auslandseinsatz entnimmt das Bundesverfassungsgericht aus Art. 42 II GG, dass die Mehrheit der abgegebenen Stimmen ausreichend ist.[300] Eine Änderung des Antrages steht dem Bundestag weiterhin nach § 3 III ParlBG nicht zu. § 2 ParlBG klärt, wann es sich um einen Einsatz handelt. Dieser würde vorliegen, wenn Soldaten in bewaffnete Unternehmungen einbezogen sind, oder dies zu erwarten ist.[301] Humanitäre Einsätze[302], Hilfsdienste und Hilfsleistungen, ohne dass Soldaten in bewaffnete Unternehmungen involviert sind[303], sind gemäß §2 II ParlBG kein Einsatz und benötigen nicht der Zustimmung durch das Parlament. Es handelt sich mithin bei einem Einsatz um deutsche Streitkräfte[304], die im Ausland[305] in einer bewaffneten Unternehmung[306] inbegriffen sind.

Das vereinfachte Zustimmungsverfahren

Das Bundesverfassungsgericht hat festgelegt, dass jeder bewaffnete Einsatz zuvor der parlamentarischen Zustimmung bedarf, egal, wie geringfügig dieser ausfallen mag, entscheidend ist das Vorhandensein eines bewaffneten Einsatzes. Für Fälle von geringer Intensität und Tragweite, wie das Parlamentsbeteiligungsgesetz in § 4 I sagt, gibt es ein vereinfachtes Zustimmungsverfahren im Deutschen Bundestag, ebenso wie für die Verlängerung dieser.[307]

Dabei muss die Bundesregierung ihren begründeten[308] Antrag einbringen, welcher vom Bundestagspräsidenten an die Fraktionsvorsitzenden und die Vorsitzenden und Obleute des Verteidigungs- und des Auswärtigen Ausschusses weitergeleitet wird und zusätzlich an alle Abgeordneten in einer Drucksache verteilt

---

299 BVerfGE 90, 286 (389).

300 Vgl. *Scherrer* 2010, S. 68.

301 Vgl. *Wagner* 2010, S. 44.

302 Vgl. *Wild* 2000, S. 624.

303 Vgl. *Andreas Gilch*, Das Parlamentsbeteiligungsgesetz. Die Auslandsentsendung der Bundeswehr und deren verfahrensrechtliche Ausgestaltung, Würzburg 2005, S. 136.

304 Vgl. *Maunz / Dürig* 2011, Art. 87a, Rn. 9.

305 BVerfGE 90, 286 (389f.).

306 *Weiß* 2005, S. 107.

307 Vgl. *Wiefelspütz* 2008, S. 376.

308 Vgl. *Scherrer* 2010, S. 219.

wird. Folgt daraufhin von keiner Fraktion oder von fünf vom Hundert der Abgeordneten das Verlangen, den Antrag im Bundestag zu behandeln, gilt die Zustimmung als erteilt.[309] Wird die Befassung verlangt greift das normale Zustimmungsverfahren.

Sinn dieser Regelung ist, dass das Parlament sich nur mit den umstrittenen Einsätzen befassen soll.[310] Fraglich ist, wie wirksam die vereinfachte Zustimmung bei einer aktiven und der Regierungsmeinung konträr laufenden Opposition sein mag, wenn die Opposition für jeden Einsatz geringer Bedeutung trotzdem die Befragung im Bundestag verlangt.[311] So z.B. die Ankündigung der Abgeordneten Lötsch von der Fraktion Die Linke, die verlauten ließ, dass man „jeden Antrag auf Einsatz der Bundeswehr aus dem vereinfachten Zustimmungsverfahren herausholen und auf die Tagesordnung setzen“[312] werde.

Gefahr im Verzug

Um die Wehrhaftigkeit der Bundesrepublik stets garantieren zu können, bedarf es in sehr kurzfristigen Entscheidungen keiner vorherigen Zustimmung durch den Bundestag.[313] „Deshalb ist die Bundesregierung bei Gefahr im Verzug berechtigt, vorläufig den Einsatz von Streitkräften zu beschließen[...] und an entsprechenden Beschlüssen ohne vorherige Einzelermächtigung durch das Parlament mitzuwirken.“[314] So ist die Gefahr im Verzug auch in § 5 ParlBG geregelt. Eine Gefahrensituation liegt insbesondere vor, „wenn das Zuwarten auf die Zustimmung des Deutschen Bundestages die Wehr- und Bündnisfähigkeit Deutschlands beeinträchtigen, oder das Leben deutscher Soldaten, deutscher Staatsbürger oder Schutzbefohlener gefährden würde.“[315] § 5 entbindet die Bundesregierung jedoch nicht von ihrer Pflicht, den Bundestag vor und während des Einsatzes ausreichend zu informieren, so soll dem Missbrauch der Regelung vorgebeugt werden.[316] Der Antrag auf Zustimmung ist unverzüglich nachzuholen. Aus dem Um-

---

309 Vgl. *Wagner* 2010, S. 58.

310 BT-Drs. 15/ 2742.

311 Vgl. *Scherrer* 2010, S. 226.

312 Plen.-Protokoll, 15. BT, vom 25.03.2004, S. 8990 (C).

313 Vgl. *Dieter Wiefelspütz*, Das Parlamentsbeteiligungsgesetz vom 19.03.2005, NVwZ 2005, 496 (499); *Florian Schröder*, Das neue Parlamentsbeteiligungsgesetz, NJW 2005, 1401 (1403).

314 BVerfGE 90, 286 (388).

315 *Willibald Hermsdörfer*, Einsatz bewaffneter Streitkräfte vor Zustimmung des Deutschen Bundestages, UBWV 2003, 404 (406).

316 Vgl. *Wagner* 2010, S. 148.

stand der zwingend einzuholenden Zustimmung ergibt sich gleichwohl eine sofortige Beendigung des Einsatzes bei Nicht-Zustimmung des Bundestages.

Das Rückholrecht

Um die Frage, ob der Bundestag auch das Recht besitzt, einen Einsatz, dem er zuvor zugestimmt hatte, auch wieder eigenmächtig beenden können, entstand ein breit ausgetragener Streit in der Wissenschaft. Grund dafür ist, dass durch dieses Revokationsrecht eine Initiativ- und Alleinentscheidungsposition des Bundestages entstehen könnte.[317]

Das Parlamentsbeteiligungsgesetz spricht in § 8 dem Bundestag dieses Recht zu, doch diese Regelung führte nicht zu einer Beendigung des Konflikts. Denn es ist fraglich, ob das Parlamentsbeteiligungsgesetz, durch den einfachen Gesetzgeber zustande gekommen, dem Parlament ein solch bedeutendes Recht zusprechen kann[318], denn es beeinflusst die grundsätzliche Kompetenzordnung. Sollte das Grundgesetz keine solche Kompetenz vorsehen und das Bundesverfassungsgericht dadurch eine solche nicht entwickelt haben, könnte das Parlamentsbeteiligungsgesetz verfassungswidrig sein, anstatt den Konflikt zu beenden.
Gegner des parlamentarischen Revokationsrechtes führen häufig die Feststellung des Bundesverfassungsgerichtes an, dem Bundestag stehe für Einsätze der Bundeswehr keinerlei Initiativbefugnis zu.[319] Die Zurücknahme einer Einsatzzustimmung im Sinne eines *actus contrarius* könne mithin ebenso als Kompetenz für den Bundestag ausgeschlossen werden.[320] Weiterhin hätte die plötzliche Rückholung weitreichende außenpolitische Folgen, während doch zur selben Zeit der Anspruch der Bündnispartner Deutschlands bestehe, sich auf die Bundesregierung verlassen zu können.[321]

Befürworter eines Rückholrechtes führen an, dass das Initiativrecht bei der Bundesregierung verbliebe und der Rückruf eben nicht als *actus contrarius* einzuschätzen sei.[322] Auch inhaltlich behandle das Bundesverfassungsgericht lediglich die Initiative für den Einsatz und nicht die Initiative für die Beendigung ei-

---

317 Vgl. *Wagner* 2010, S. 124.

318 Vgl. *Scherrer* 2010, S. 298.

319 BVerfGE 90, 286 (388).

320 Vgl. *Martin Limpert*, Auslandseinsatz der Bundeswehr, Berlin 2002, S. 59; *Peter Dreist*, Offene Rechtsfragen des Einsatzes bewaffneter deutscher Streitkräfte, NZWehrr 2002, 133 (147).

321 Vgl. *Peter Dreist* 2002, S. 150f.

322 *Wild* 2000, S. 630.

nes solchen, woraus sich nicht automatisch ein Verbot für ein Rückholrecht des Bundestages erkennen ließe.

Weiterhin wird angeführt, dass sich eine Rückholkompetenz in Analogie zum Verteidigungsfall aus Art. 115a I S. 1 GG ergäbe.[323] Der Verteidigungsfall könne nur durch Bundestagsbeschluss festgestellt werden, gleichwohl würde der Verteidigungsfall auch nur durch Bundestagesbeschluss wieder beendet. Für diesen Fall gäbe es kein alleiniges Initiativrecht der Bundesregierung. Vielmehr hebe das Grundgesetz hervor, dass der Bundestag jederzeit das Recht zur Beendigung besitzt. Dies würde sich analog auch auf den Auslandseinsatz anwenden lassen, woraus ein Revokationsrecht abgeleitet werden könne.

Festzustellen ist nach alledem, dass das Bundesverfassungsgericht sich in keiner Weise mit einem Rückholrecht befasst hat und so auch keine Meinung dazu in einem Urteil vertreten hat. Allein über den Sonderfall der Gefahr im Verzug des Parlamentsvorbehaltes behandelte das Gericht ein Rückholrecht.
In seinem Urteil verneint das Bundesverfassungsgericht gegenüber dem Bundestag ein Initiativrecht für Auslandseinsätze.[324] Doch lässt sich daraus ein Verbot eines Rückholrechtes entwickeln? Das Gericht spricht immerhin stets von der Initiative für den Einsatz, nicht von der Initiative für den Abbruch des Einsatzes. Mit dem Parlamentsvorbehalt ordnet das Bundesverfassungsgericht dem Bundestag die Organkompetenz zu, über die Zustimmung oder Ablehnung eines Einsatzes zu befinden. Warum sollte diese Organkompetenz mit Beginn des Einsatzes nicht mehr gegeben sein? Die Rückholung würde doch in eben diesem Sinne des Parlamentsvorbehaltes stehen, der dem Parlament die Möglichkeit gibt, einen geplanten Einsatz von der Bundesregierung zu verhindern. Trotzdem bleibt die Regelung des unkonditionierten Rückholrechtes, eingeräumt durch den einfachen Gesetzgeber, schwierig.

Ob das Revokationsrecht seinem umfangreichen Diskurs überhaupt gerecht wird, bezweifelt zumindest Ronald Pofalla, indem er sagt, dass das Rückholrecht in der politischen Realität kaum Wichtigkeit entfalten wird. Er hält es für höchst unwahrscheinlich, dass der Bundestag gegen den Willen der Bundesregierung einen Auslandseinsatz beenden wird. Dies wäre einem Misstrauensvotum gleich und die Regierung ohne parlamentarischen Rückhalt.[325]Mit dem gesteigerten deutschen Engagement in der internationalen Politik wurde eine Neuregelung der

---

323 Vgl. *Konrad Hummel*, Rückholrecht des Bundestages bei Auslandseinsätzen der Streitkräfte, NZWehrr 2001, 221 (226).

324 BVerfGE 90, 286 (389).

325 Vgl. *Ronald Pofalla*, Die Bundeswehr im Ausland, ZRP 2004, 221 (224).

Kompetenzen für den Bereich der Streitkräfte nötig. Dass nicht allein die Bundesregierung als Exekutive die Entscheidungen über Auslandseinsätze der Bundeswehr treffen dürfe, stellte das Bundesverfassungsgericht bereits am 23.06.1993[326] fest und verfestigte diese Meinung schließlich mit dem grundlegenden Urteil vom 12.07.1994.[327] Mit dem Parlamentsbeteiligungsgesetz von 2005 wurde dem Anspruch, dass der Bundestag konstitutiv mitentscheiden müsse über Auslandseinsätze der Bundeswehr, Rechnung getragen und die Regelungen wurden formalisiert.

Dem Parlamentsbeteiligungsgesetz und den Bundesverfassungsgerichtsentscheidungen folgend, wurden dem Bundestag weitere Kontrollmöglichkeiten auf dem Gebiet der Streitkräfte zur Hand gereicht und der sensible Bereich der Auslandseinsätze erfährt gleich dem Verteidigungsbereich eine ständige Kontrolle des Parlaments.

6.3.5 Typologisierung der parlamentarischen Kontrolle der Bundeswehr

Die vorangestellt untersuchten Kontrollrechte lassen sich anhand ihrer Kriterien typologisieren. Zum einen kann man sie einteilen in *allgemeine* Kontrollrechte und in *wehrspezifische*. Zu nennen sind für den allgemeinen Bereich die ausgestalteten Fragerechte der Abgeordneten des Bundestages gegenüber der Bundesregierung, das Recht auf Zitierung eines Bundesregierungsmitgliedes, der schlichte Parlamentsbeschluss sowie das stets scharfe Schwert des konstruktiven Misstrauensvotums.

Diese allgemeinen Befugnisse werden durch weitere, spezifisch für den Wehrbereich aufgestellte, Kontrollrechte ergänzt. Zu nennen sind dabei das Haushaltsrecht des Bundestages, mit dem er die genauen Ausgaben, die Truppenstärke und die Organisation der Bundeswehr diskutieren und mitbestimmen kann, die Feststellung des Verteidigungsfalls, sowie die Institutionen des Wehrbeauftragten und des Verteidigungsausschusses. Ergänzt wird der Bereich der wehrrechtlichen Kontrollkompetenzen durch den wehrverfassungsrechtlichen Parlamentsvorbehalt. Durch ihn hat der Deutsche Bundestag die Möglichkeit, jeden Auslandseinsatz der Bundeswehr zu verhindern, indem er seine Zustimmung nicht erteilt.

Neben der Einteilung in allgemeine und spezielle Kontrollrechte lässt sich eine Einteilung der Merkmale in *vorausgehende* Kontrolle (Haushaltsrecht, Fest-

326 BVerfGE 89, 38 (47).
327 BVerfGE 90, 286.

stellung des Verteidigungsfalles, Parlamentsvorbehalt), *permanente* Kontrolle (Wehrbeauftragter, Verteidigungsausschuss, Frage- und Interpellationsrechte) und *nachträgliche* Kontrolle (Untersuchungsausschuss, Rückholrecht, konstruktives Misstrauensvotum) vornehmen.

Tabelle 2: Typologie der parlamentarischen Kontrolle der Bundeswehr

Art der Kontrolle \ Zeitpunkt der Kontrolle	vorausgehend	permanent	nachträglich
Allgemein	-Haushaltsrecht -schlichter Parlamentsbeschluss	-Fragerechte -Interpellationsrecht	-konstruktives Misstrauensvotum
Wehrspezifisch	-Haushaltsrecht (Einzelplan 14) -Feststellung des Verteidigungsfalles Parlamentsvorbehalt (Auslandseinsätze)	-Verteidigungsausschuss -Wehrbeauftragter -Unterrichtungspflicht nach § 6 ParlBG	-Verteidigungsausschuss als Untersuchungsausschuss -parlamentarisches Rückholrecht (Auslandseinsätze)

Quelle: eigene Darstellung

Mit der deutschen Wiederbewaffnung nach dem Zweiten Weltkrieg musste eine neue Form der Organisationsgewalt zwischen Legislative und Exekutive und eine neue Form der Kontrolle der Streitkräfte aufgebaut werden. Die Bundeswehr sollte auf demokratischem Boden entstehen und der direkt gewählte Volksvertreter, der Bundestag, sollte stets ein wachendes Auge, sowohl über die innere Entwicklung, wie auch die Arbeit und Einsätze der Bundeswehr haben.

Zu diesem Zweck erhielt der Bundestag umfangreiche Kontrollrechte, die sich teils allgemein und teils sehr speziell mit dem Verteidigungsbereich befassen. Nach Betrachtung dieser wehrspezifischen Kontrollmittel des Parlaments gegenüber der Regierung und der Bundeswehr lässt sich eine wirkungsvolle und ernstzunehmende Kontrolle konstatieren. Dabei sind die einzelnen Mittel zu unterscheiden in *vorausgehende Kontrolle*, in *permanente Kontrolle* und schließlich in *nachträgliche Kontrolle*.

Mit diesen umfangreichen und nicht nur oberflächlichen parlamentarischen Kontrollrechten stellt der Deutsche Bundestag eine Institution dar, ohne die man die Bundeswehr nicht ausreichend beleuchten kann. Wer die Bundeswehr betrachtet, muss auch immer das Parlament sehen. Beide Institutionen sind auf das engste miteinander verflochten, anders wäre das Prinzip der demokratischen Bundeswehr nicht umzusetzen.

Von der Bundeswehr lässt sich, wie eingangs als Frage aufgestellt, von einer *Parlamentsarmee* sprechen. Der Deutsche Bundestag hat entscheidenden Einfluss auf Organisation und Truppengröße der Bundeswehr, verhandelt die Ausgaben für jeden Bereich der Bundeswehr und seine entscheidende Zustimmung zu Einsätzen der Bundeswehr im Ausland und zum Verteidigungsfall ist zwingend und gewichtig. Gleichzeitig übt der Bundestag eine ständige Überwachung des Wehrbereiches durch den Verteidigungsausschuss und den Wehrbeauftragten aus. Mit diesen Möglichkeiten wird er dem Anspruch der parlamentarischen, umfassenden Kontrolle der Streitkräfte durchaus gerecht.

Die Bundesregierung, als Exekutive, hat natürlicherweise die Hand über den einzelnen Ausgestaltungen und Aufgaben und täglichen Geschehnissen der Bundeswehr, weil sie die Ausführende Gewalt ist, doch trotzdem ist sie verpflichtet, den Bundestag stets auf dem gleichen Informationsstand zu halten.

7 Defizite in der Rüstungsexportkontrolle

> „Der nationale deutsche Rüstungsexport außerhalb der NATO und der EU wird restriktiv gehandhabt. Bei Rüstungsexportentscheidungen wird der Menschenrechtsstatus möglicher Empfängerländer als zusätzliches Entscheidungskriterium eingeführt. Die neue Bundesregierung wird jährlich dem Deutschen Bundestag einen Rüstungsexportbericht vorlegen. Rüstungskonversion wird auch als bundespolitische Aufgabe und Element regionaler Strukturpolitik begriffen."[328]

Deutsche Rüstungsexporte sind ein leidiges Thema. Es hat den Anschein, dass, wer sich mit den Verfahren und Vorgängen der deutschen Verkäufe von Rüstungsgütern in das Ausland beschäftigt, in viele Zweifel gestürzt wird. Denn es stehen sich hier nicht nur rechtliche Regelungen und die eingangs vorgestellten Theorien gegenüber, nein, deutsche Rüstungsexporte sind eines der heikelsten Bereiche deutscher Politik, und das politische Moment dieses gesamten Komplexes sollte nie vergessen werden bei den Betrachtungen. Wenn es um den Verkauf von Kriegsgerät – und das heißt Panzer, das heißt Kanonen und Haubitzen und Kriegsschiffe in nicht nur zweistelliger Zahl – an Staaten geht, die nach Robert Dahl[329] oder Wolfgang Merkel[330] nicht mehr zu den demokratischen Staaten, sondern zu den autoritären, nicht liberalen und nicht pluralistischen zählen, dann ist der betrachtete Vorgang längst nicht mehr genehmigter Außenhandel. Dann ist es Außenpolitik. Und Außenpolitik ist Teil der Staatsleitung. Und Staatsleitung ist Sache des Bundestages und der Bundesregierung, gesamthänderisch. Doch dies ist hier nicht anzutreffen, soviel kann schon vorweg genommen werden. Wir wagen uns hier also in die kritischsten Bereiche des Politischen hinein. Und wollen diesem mächtigen Rahmen angemessen mächtige Kritiken entgegenwerfen.

Das eingangs angeführte Zitat aus dem Koalitionsvertrag der ersten rot-grünen Bundesregierung von 1998 war ein Hinweis auf die angestrebte Änderung der Außenexportpolitik Deutschlands. Rot-Grün verfolgte ein Umdenken im Umgang mit nicht demokratischen Staaten und Waffenlieferungen in diese.[331] Es

---

328 *SPD und Bündnis 90 / Grüne*, Aufbruch und Erneuerung – Deutschlands Weg ins 21. Jahrhundert. Koalitionsvertrag zwischen der sozialdemokratischen Partei Deutschland und Bündnis 90/Die Grünen, Bonn 20. Oktober 1998, aufrufbar unter: <http://www.boell.de/downloads/stiftung/1998_Koalitionsvertrag.pdf>, aufgerufen am 06.09.2013.

329 Vgl. *Robert Dahl*, Polyarchy. Participation and Opposition, New Haven / London 1971.

330 Vgl. *Wolfgang Merkel*, Systemtransformation. Eine Einführung in die Theorie und Empirie der Transformationsforschung, 2. überarb. u. erweit. Aufl., Wiesbaden 2010, S. 40ff.

331 *Deutsche Bundesregierung*: Politische Grundsätze der Bundesregierung für den Export von ...

zeigt sich hier jedoch später, dass dieses Umdenken keine langfristigen Effekte auf die deutsche Außenpolitik verbuchen konnte und dass wir mittlerweile an einem noch kritischeren Punkt angelangt sind.

7.1 Die rechtlichen Grundlagen der Rüstungsexportpolitik

Die Grundnorm, die uns hier beschäftigen soll ist Artikel 26 II GG. Dieser schreibt vor, dass die Herstellung, Beförderung und Inverkehrbringung von Rüstungsgegenständen nur mit Genehmigung der Bundesregierung stattfindet. Abgeleitet von dieser zu Grunde liegenden Richtung weiten das Kriegswaffenkontrollgesetz (KrWaffKontrG), das Außenwirtschaftsgesetz (AWG) und die Außenwirtschaftsverordnung (AWV) die formalen Regelungen des Rüstungsexportes weiter aus. Grundsätzlich ist zwischen Kriegswaffen und anderen Rüstungsgütern zu unterscheiden. Erstere sind nach §1 KrWaffKontrG die Waffen, die in der Anlage des Kriegswaffenkontrollgesetzes zu finden sind. Nach §2 KrWaffKontrG ist sowohl die Herstellung, als auch das Inverkehrbringen dieser Waffengattung nur durch Genehmigung erlaubt. Ein Anspruch auf eine Genehmigung besteht ausdrücklich nicht.[332] Man benötigt eine Genehmigung für den innerdeutschen Transport von Kriegswaffen (§3) für Transport außerhalb von Deutschland (§4) und auch für den Verkauf von Kriegswaffen an das Ausland (§4a). §6 KrWaffKontrG regelt die Versagung der Genehmigung. Eine Genehmigung kann demnach versagt werden, wenn der Waffenverkauf den guten Beziehungen Deutschlands zu anderen Ländern zuwiderlaufen würde (§6 II Nr. 1) und die Genehmigung muss versagt werden, wenn der Waffenverkauf insbesondere dazu geeignet ist, die Kriegswaffen bei friedensstörenden Handlungen oder Angriffskriegen einzusetzen. Gleiches gilt für Fälle in denen die Person, die die Genehmigung begehrt, nicht zuverlässig ist oder aber die Genehmigung völkerrechtliche Verpflichtungen verletzen würde. Die Genehmigungsbehörde ist dem Grundgesetz nach und auch §11 I KrWaffKontrG folgend die Bundesregierung. Diese kann jedoch als Genehmigungsbehörden das Bundesverteidigungsministerium, das Bundesfinanzministerium, das Bundesinnenministerium sowie das Bundeswirtschaftsministerium ermächtigen. Was sind nun Beispiele für Kriegswaffen nach dem Kriegswaffenkontrollgesetz? Die Anlage zu §1 KrWaffKontrG

Kriegswaffen und sonstigen Rüstungsgütern von 2000, aufrufbar unter: <http://www.bmwi.de/BMWi/Redaktion/PDF/A/aussenwirtschaftsrechtgrundsaetze,property=pdf,bereich=bmwi2012,sprache=de,rwb=true.pdf>, aufgerufen am 06.09.2013.

332 BVerwGE 61, 24.

enthält eine ausführliche Aufzählung, die im Laufe der Zeit, entsprechend dem wissenschaftlichen und technischen Fortschritt auch stetig ergänzt wird. Sie listet unter anderem auf: Atomwaffen, Biologische Waffen – wie Viren, Bakterien, Pilze, oder Toxine – Chemische Waffen, Flugkörper – wie Raketen, Lenkflugkörper, Kampfflugzeuge und Kampfhubschrauber – Kriegsschiffe, Kampffahrzeuge – wie Kampfpanzer – Maschinengewehre, Maschinenpistolen, Granaten, Kanonen, Haubitzen, Panzerabwehrwaffen, Flammenwerfer, Torpedos. Es ist in dieser Anlage das gesamte Repertoire einer nationalen Streitkraft aufgezählt. Wer mit diesen Dingen Handel betreibt, der benötigt eine Genehmigung.

Nach dem AWG besteht hingegen grundlegend, im Sinne der Privatautonomie, ein Genehmigungsanspruch (§3 AWG). Das AWG behandelt neben vielen anderen Exportgütern die Rüstungsgüter, die nicht Kriegswaffen im Sinne des KrWaffKontrG sind. So zum Beispiel Waffen, Munition oder Kriegsgerät, sowie Gegenstände die zur Herstellung dieser geeignet sind, sowie Konstruktionszeichnungen. Geschäfte mit diesen Gegenständen und Rüstungsgütern können beschränkt werden, wenn sie die Sicherheit der Bundesrepublik Deutschland, das friedliche Zusammenleben der Völker, die auswärtigen Beiziehungen Deutschlands oder die öffentliche Ordnung und Sicherheit Deutschlands gefährden würden.[333]

Wir sehen also, dass der Umgang mit Kriegsgerät – egal, ob nach KrWaffKontrG oder AWG – der grundlegenden exekutiven Kontrolle unterliegt und man sich an die Genehmigungsbehörden wenden muss, hegt man Vorhaben in dieser Richtung. Es stellt sich nun die Frage, noch bevor wir auf die tatsächlichen Ausformungen der Rüstungsexporte der letzten Jahre zu sprechen kommen, welche Behörde in welchem Verfahren die Entscheidungen zu treffen vermag.

7.2 Der Bundessicherheitsrat

Erneut sei auf die Grundnorm des Artikels 26 II Grundgesetz verwiesen, sowie auf die Ermächtigungsmöglichkeit aus dem Kriegswaffenkontrollgesetz. Demnach sind es die Bundesregierung oder ein von ihr ermächtigtes Ministerium, welche über Ausfuhrgenehmigungen entscheiden und bescheiden. Es existiert jedoch noch ein weiteres Organ, das sich ganz mehrheitlich mit der Entscheidung über Rüstungsexporte beschäftigt. Es ist der Bundessicherheitsrat (BSR). Der Bundessicherheitsrat ist ein Ausschuss der Bundesregierung und geht

---

[333] Vgl. §7 AWG.

in seiner Entwicklung auf die Wiederbewaffnung unter Bundeskanzler Adenauer zurück.[334] Der BSR ist ein Gremium, welches unter Vorsitz des Bundeskanzlers oder seines Stellvertreters, der gleichsam stellvertretender Vorsitzender des BSR ist, zusammentritt. Der Verteidigungsminister ist sogenannter beauftragter Vorsitzender und weitere ständige Mitglieder sind der Justizminister, Innenminister, Wirtschaftsminister, der Finanzminister sowie der Minister für Entwicklungspolitik.[335] Weiteres Mitglied ist der Chef des Bundeskanzleramtes. Der BSR ist insbesondere nach dem Ende des Kalten Krieges vornehmlich mit Rüstungsexportfragen beschäftigt, nachdem er in den 70er Jahren zumeist die Verteidigungskonzeption und den Aufbau der Bundeswehr behandelte.[336] Als einziger Kabinettsausschuss gibt der BSR sich eine eigene Geschäftsordnung, die nach wie vor unter Geheimschutz steht und nicht veröffentlicht ist. Der Geheimschutz schließt gar die Sitzungshäufigkeit und die Tagesordnungspunkte mit ein.[337]

Zur Entscheidungskompetenz des BSR gibt es verschiedene Ansichten, sie reichen von „Empfehlung“[338], über „faktische Bindungswirkung“[339] bis hin zu Kompetenzen, die ihm gar nicht zustehen, die gar „verfassungswidrig“ seien.[340] Glawe verweist jedoch gleichzeitig darauf, dass der Beschluss des Kabinettausschusses BSR an sich noch kein verfassungswidriger Akt sei; sondern erst dann gegen Artikel 26 II GG verstoßen ist, wenn die Bundesregierung auf den Beschluss des BSR hin keine eigene Abstimmung mehr folgen lässt. Dieser Ansicht kann insofern gefolgt werden. *Rechtlich* gesehen ist die Situation diese, dass es einen klaren grundgesetzlichen Auftrag an die Bundesregierung gibt, die Genehmigungen für Rüstungsexporte auszusprechen oder zu verwerfen. Mit der Beschäftigung des BSR mit dieser Aufgabe, also mit seinen Beratungen und seinen

---

334 Vgl. *Deutscher Bundestag*, Wissenschaftliche Dienste, Der Bundessicherheitsrat, Nr. 22/08 vom 09.Mai 2008, S. 1.

335 Vgl. *Robert Glawe*, Der Bundessicherheitsrat als sicherheits- und rüstungspolitisches Koordinationselement, in: DVBl. 2012, S. 329-335, hier 333; Miseror

336 Vgl. *Glawe*, 2012, S. 330; *Deutscher Bundestag*, Wissenschaftliche Dienste 2008, S. 1.

337 BT-Drks. 14/2483, S. 27f.

338 *Deutscher Bundestag*, Wissenschaftliche Dienste 2008, S. 2

339 *Ibid.*

340 *Glawe* 2012, S. 332; Eine Studie des Miseror-Hilfswerkes und Brot für die Welt mit dem Titel „Parlamentarische Kontrolle und Transparenz von Rüstungsexporten“ aus dem Juli 2013 sieht zudem eine weitere Verfassungswidrigkeit in der Praxis, die Genehmigungsbefugnis von der Bundesregierung auf einzelne Ministerien gemäß §11 II KrWaffKontrG zu übertragen. Artikel 26 II GG sei in seinem Wortlaut eindeutig und die Übertragung auf eine andere Behörde ein klarer Verstoß. Soweit man diese Ansicht teilt, ließe sich eine Analogie zum Bundessicherheitsrat ziehen. Denn dieser trifft im Grunde dieselbe Entscheidung über Rüstungsexporte, nur eben jene, die von besonderem politischen Ausmaß sind.

Beschlüssen über Rüstungsexporte, wird der Wortlaut der Verfassung zunächst nicht verletzt. Der Bundestag beispielsweise behandelt seine Gesetzesentwürfe auch zunächst in Ausschüssen, die bereits Abstimmungen folgen lassen. Und solange er im gesamten Parlament, dem Plenum, eine gesetzesgebende Abstimmung folgen lässt, ist das Gesetzgebungsverfahren eingehalten. Und sollte die Bundesregierung der Erörterung und dem Entschluss des BSR, den immerhin die maßgeblich betroffenen Ressorts getroffen haben, folgen und einen *eigenen* Kabinettsbeschluss fassen, so ist der verfassungsrechtlichen Anforderung genüge getan.

Faktisch jedoch bedeutet es, dass ein abgeleitetes Gremium der Bundesregierung, unter Beteiligung von Personen, die nicht der Regierung angehören[341], die maßgebliche Entscheidung bereits vor dem Kabinettsbeschluss trifft. Es ist insoweit zumindest fraglich, ob eine tatsächliche Entscheidungskraft noch innerhalb der Kabinettsrunde vorzufinden ist, oder ob den übrigen Regierungsmitgliedern lediglich die Entscheidung des BSR mitgeteilt wird und anschließend das Ergebnis bestätigt wird. Zu einem Spannungsfall käme es schließlich erst, wenn ein Regierungsmitglied, welches nicht Mitglied des BSR ist, gegen den Entschluss des BSR steht. Doch selbst dann entscheidet die Bundesregierung als Kabinett noch immer mehrheitlich. Letztlich ist die Frage, ob der BSR über die Kompetenzen eines Kabinettausschusses hinweg Entscheidungen trifft, marginal. Denn die Kritik, die das System der deutschen Rüstungsexporte trifft, setzt an einer anderen Stelle an. Es kann dahingestellt sein, ob nur ein exklusiver Teil der Bundesregierung oder nur die Bundesregierung die politisch wichtigen Rüstungsexporte genehmigt. Denn so oder so entscheidet allein die Exekutive. Wo aber ist der Bundestag? Wo ist die parlamentarische Kontrolle? Auf diese Aspekte soll nun eingegangen werden.

Die Bundesregierung legt seit der Initiative der ersten rot-grünen Regierungskoalition jährlich einen Bericht über die deutschen Rüstungsexporte vor. Auch dieser wird von vielen Seiten als zu ungenau und zu spät erscheinend kritisiert. Die Berichte sind zwischen 80 und 100 Seiten lang und erscheinen mit circa einem Jahr Verspätung.

---

341 Vgl. *Glawe* 2012, S. 333.

Abbildung 11: Entwicklung des Rüstungsexportvolumens 1996-2012 in Mrd €

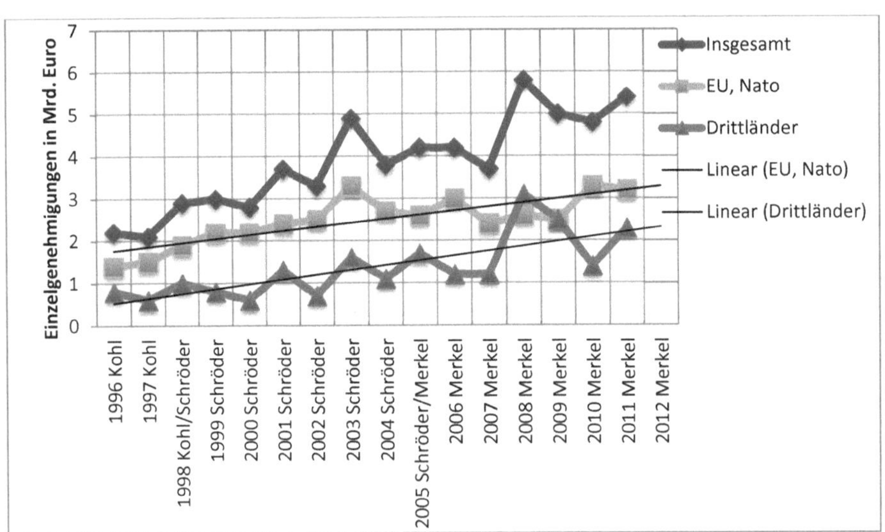

Quelle: eigene Darstellung, Rüstungsexportbericht 2001, BT-Drks. 15/230, S. 15; Rüstungsexportbericht 2011, BT-Drks. 17/11785, S. 15.

Aus dieser allgemeinen Abbildung lassen sich zunächst auch nur allgemeine Ableitungen bilden. Das Exportvolumen für Rüstungsgüter ist seit Einführung des Rüstungsexportberichtes kontinuierlich gestiegen, es liegt seit 2011 über 5 Mrd. Euro pro Jahr. Sowohl die Exporte in EU-Staaten sowie Nato- oder Nato-ähnliche Staaten, als auch in Drittstaaten[342] verzeichnen einen Anstieg. Die Trendlinien in obiger Abbildung zeigen einen leicht höheren Anstieg für den Export in Drittländer als den in EU/Nato-Staaten. Doch ist damit noch keine Aussage getroffen. Denn der Begriff Drittstaaten ist zu ungenau, als dass er eine Einschätzung erlaubt, in welche Staaten, mit welchem Regimetyp und welcher Art von Demokratiestärke von Deutschland aus Rüstungsgüter verkauft werden.

7.3 Die politischen Grundsätze der deutschen Rüstungspolitik

Ziel dieser Untersuchung soll es aber sein, die deutsche Rüstungsexportpolitik an ihren eigenen Zielsetzungen, die sich in den Politischen Grundsätzen über die Exporte von Rüstungsgütern von 2000 finden[343], zu messen. Demnach sind Rüs-

---

[342] Vgl. die Unterscheidung in Rüstungsexport 1999, BT-Drks. 14/4179, S. 6, sowie die Aufschlüsselung in den Politischen Grundsätzen von 2000, Deutsche Bundesregierung 2000, S. 2f.

[343] Vgl. *Deutsche Bundesregierung* 2000, S. 1f.

tungsexporte vor allem darauf hin zu überprüfen, ob ihre *Empfängerländer die Menschenrechte beachten*. Dem wird nach dem 2. allgemeinen Prinzip der politischen Grundsätze von 2000 besonderes Gewicht beigemessen. Nach Prinzip 3 sind Rüstungsexporte *in Länder zu verweigern*, wenn hinreichender Verdacht besteht, dass in diesen Ländern die Rüstungsgüter für *interne Repressionen* oder andere *Menschenrechtsverletzungen* eingesetzt werden.

Noch weitergehend sind die politischen Grundsätze in den Bestimmungen für Exporte in *Drittstaaten*, also nicht EU- oder Nato-Staaten oder Australien, Schweiz, Japan und Neuseeland. So heißt es in Abschnitt III. Punkt 2: der Export von Kriegswaffen wird *nicht genehmigt*, es sei denn in Einzelfällen bestehen besondere *außen- und sicherheitspolitische Interessen* der Bundesrepublik Deutschland. Und weiter in Punkt 2 wird eine Rüstungsexportpolitik unter *wirtschaftlichen, beschäftigungspolitischen Gründen strikt abgelehnt*. Punkt 4 wiederholt das Verbot von Exporten, wenn der Verdacht besteht, die Rüstungsgüter könnten für interne Repressionen und Menschenrechtsverletzungen benutzt werden und Punkt 5 verbietet Exporte in Länder, die sich in einem bewaffneten Konflikt befinden oder in denen ein solcher droht. Nach Punkt 7 ist weiter zu berücksichtigen, wie sich das Empfängerland gegenüber der Förderung des internationalen Terrorismus, Kriminalität, Gewaltverzicht, Abrüstung und Nichtverbreitung verhalten hat. Es sind also klare Richtlinien, an denen sich die Rüstungsexportpolitik der Bundesregierungen messen muss. Daher ist es von Interesse, zu untersuchen, in welche Länder genau und in welchem Ausmaß Deutschland Rüstungsgüter exportiert hat und ob dies in Übereinstimmung mit den politischen Grundsätzen steht, die ja immerhin bis heute gelten. Für EU-Staaten und Nato-Staaten kann von einer demokratischen und menschenrechtsschützenden Verfasstheit ausgegangen werden, sie sollen hier nicht beleuchtet werden. Viel interessanter sind hingegen die Staaten, die unter dem Sammelbegriff Drittstaaten im Rüstungsexportbericht aufgenommen sind und die keiner weiteren Differenzierung erfuhren. Da diese Drittstaaten, wie obige Grafik zeigen konnte aber jeweils annähernd 50% der Rüstungsexporte erhalten und sie zudem einen leicht höheren Anstieg als die EU- und Nato-Staaten verzeichnen, wäre es wichtig, zu wissen, um welche Staaten es sich tatsächlich handelt, und ob diese mit den politischen Grundsätzen von 2000 in Einklang stehen. Dies wird nun untersucht.

7.4 Operationalisierung

Unabhängig von einer moralischen, normativen Bewertung von Rüstungsexporten, für deren Kritikwürdigkeit und für deren Unmoral der Autor Argumente nicht abweisen kann, unabhängig von dieser normativen Bewertung des Regierungshandelns also, die an dieser Stelle nicht vorgenommen werden soll, kann man die deutsche Rüstungsexportpolitik auch vollkommen unvoreingenommen und neutral bewerten. Die Exekutive muss sich dazu lediglich an ihren eigenen, sich selbst verordneten politischen Grundsätzen messen lassen. Hält sie ihre (immerhin auch nach moralischen Gesichtspunkten) aufgestellten Regeln der Rüstungsexporte ein, oder verstößt sie gar selbst gegen die eigenen Grundsätze?

Stehen die als Drittstaaten klassifizierten Empfängerländer der deutschen Rüstungsexporte im Einklang mit den politischen Grundsätzen der Rüstungsexporte von 2000? Für diese Untersuchungsfrage sollen *drei exemplarische Rüstungsexportjahre* gewählt werden – es sind die Jahre 2003, 2008 und 2011, da diese in der obigen Abbildung die höchsten Anstiege der Entwicklung des Gesamtvolumens verzeichneten und zudem für jeweils eine andere Regierung stehen. 2003 für die Regierung SPD und Bündnis90/Grüne unter Kanzler Schröder, 2008 für die große Koalition aus CDU/CSU und SPD unter Merkel I und 2011 für die Regierung Merkel II aus CDU/CSU und FDP. Für diese drei Jahre wird der Rüstungsexportbericht der Bundesregierung als Grundlage herangezogen und die einzeln aufgeschlüsselten Drittstaaten-Empfängerländer der Exportgenehmigungen werden unterschieden hinsichtlich ihres *Regimetypes*, also demokratisch, hybrid oder autoritär und hinsichtlich ihrer in dem Land herrschenden *politischen Freiheit*. Durch diese Zweiteilung kann erreicht werden, dass nicht starr nach Staats-/Regierungsform unterschieden wird, sondern als zweites Kriterium die politische Lage der Menschen im Land hinsichtlich ihrer Freiheits- und Menschenrechte bemessen wird, was zu dem Effekt führt, dass jedes Empfängerland gründlicher und aussagekräftiger an den politischen Grundsätzen von 2000 gemessen werden kann. Dies sei bekräftigt, da die politischen Grundsätze selbst besonderes Augenmerk auf die Menschenrechtslage in den Empfängerländern setzen.

Für die Einteilung des *Indikators Regimetyp* wird der Index für Demokratiemessung – der *Kombinierte Demokratieindex* des Forschungsprojektes unter Prof. Hans-Joachim Lauth der Universität Würzburg[344] – verwendet. Dieser Index, der für den Zeitraum seit 1996 Daten bereitstellt, verbindet verschiedene

---

[344] Vgl. *Hans-Joachim Lauth / Oliver Kauff*, Demokratiemessung: Der KID als aggregiertes Maß der komparativen Forschung. Empirische Befunde der Regimeentwicklung von 1996 bis 2010, Würzburger Arbeitspapiere zur Politikwissenschaft und Sozialforschung, Nr. 2, Würzburg 2012.

empirische Demokratiemessungen zu einem gemeinsamen Befund, unter Berücksichtigung und Ausgleichung der Schwächen einzelner Indizes.[345]

Der *Indikator der politischen Freiheit*, der im Besonderen die *Menschenrechts- und politische Rechtslage* der Menschen betrachten soll, wird nach dem *Freedom House Rating*[346] bemessen. Freedom House betrachtet seit 1973 die Lage der politischen Freiheit der Staaten der Welt. Diese Datenbank kann somit genutzt werden, um die Empfängerländer für die Jahr 2003, 2008 und 2011 auf diesen Indikator zu testen.

Diese beiden Indizes schaffen somit einen verwertbaren Blick auf die Empfängerländer der deutschen Rüstungsexporte unter Blickweite sowohl auf den Regimetyp, als auch die politische Freiheit der Bevölkerung und es lässt sich eine Bewertung abgeben, ob sich an die politischen Grundsätze gehalten wurde. Die detaillierten Auswertungen der Empfängerländer von 2003, 2008 und 2011, mit ihren jeweiligen Bewertungen der Indizes ist in den *Anhängen I-III* zu finden. Die dort hinterlegten Auswertungen waren wiederum Grundlage für folgende Grafiken.

345 Vgl. *ibid.*, S. 15ff.

346 Vgl. *Freedom House*, erreichbar unter: <http://www.freedomhouse.org/report-types/freedom-world>, aufgerufen am 25.10.2013.

7.5 Analyse der Rüstungsexportberichte

Abbildung 12: Drittstaaten-Empfängerländer deutscher Rüstungsexporte im Jahr *2003* – demokratisch oder autokratisch?

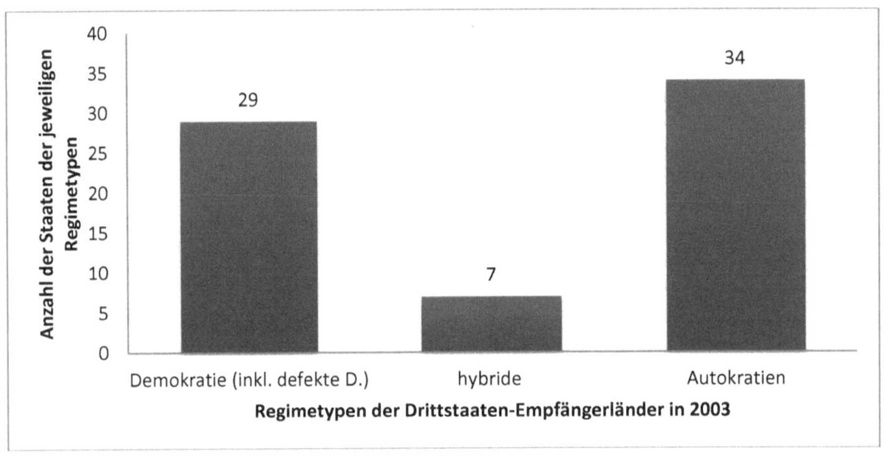

Quelle: eigene Darstellung, eigene Berechnungen nach Rüstungsexportbericht 2003, BT-Drks. 15/4400, S. 86ff.; Rüstungsexportbericht 2008, , S. 96ff.; Rüstungsexportbericht 2011, BT-Drks. 17/11785, S. 97ff.; Kombinierter Index der Demokratie, Datenbank abrufbar unter: http://www.politikwissenschaft.uni-wuerzburg.de/lehrbereiche/vergleichende/forschung/kombinierter_index_der_demokratie_kid/, aufgerufen am 10.09.2013. Alle grundlegenden Daten siehe Anhang I.

Wir sehen, dass bereits die bloße Einteilung nach *Regimetypen der Drittstaaten* des Rüstungsexportberichtes von 2003 zum Nachdenken anregt. Mehr Autokratien als Demokratien, die hybriden gar nicht eingerechnet, waren Empfänger von deutschen Rüstungsexporten im Jahr 2003. Ist hier bereits ein Verstoß gegen die politischen Grundsätze zu erkennen? In jedem Fall scheint, nach quantitativer Betrachtung, die bloße Anzahl der Drittstaaten dem Wort „restriktiv", wie es die Rüstungsexporte in nicht EU- und Nato-Staaten nach den politischen Grundsätzen sein sollen, entgegenzustehen. Rufen wir zunächst noch einmal die grundsätzliche Regelung der politischen Grundsätze für die Drittländer ins Gedächtnis: Abschnitt III Punkt 2 schreibt vor, Rüstungsexporte in Drittländer werden nicht genehmigt, außer es bestehen besondere außen- und sicherheitspolitische Interessen der Bundesrepublik. Es sind erheblich viele Empfängerstaaten. Dass darunter bereits drei Jahre nach Aufstellen der politischen Grundsätze 34 Autokratien sind, kann nicht als uneingeschränkt moralisch vertretbar gewertet werden, zumindest ist es jedoch ein fragliches Ergebnis im Lichte der politischen Grundsätze. Denn das hieße ja, dass die Bundesrepublik erheblich viele außen- und sicherheitspolitische Interessen in autokratischen Staaten hätte. Welche wären dies?

Doch wie verhält es sich im Jahr 2003 mit der *politischen Freiheit* der Menschen in den Drittstaaten, in die Rüstungsgüter aus der Bundesrepublik Deutschland verkauft worden sind?

Abbildung 13: Drittstaaten-Empfängerländer deutscher Rüstungsexporte im Jahr *2003* – frei oder nicht frei?

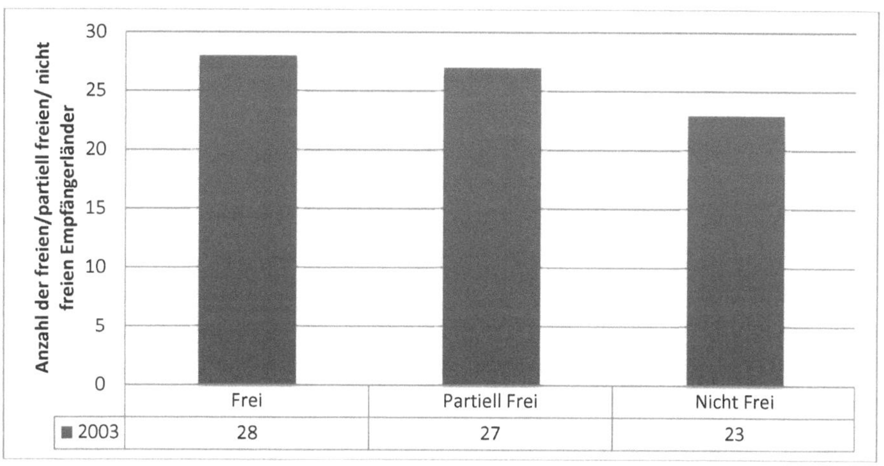

Quelle: eigene Darstellung, eigene Berechnung nach Rüstungsexportbericht 2003, BT-Drks. 15/4400, S. 86ff; Freedom House Country Rating and Status 1973-2013 Datenbank, abrufbar unter: http://www.freedomhouse.org/report-types/freedom-world; zuletzt aufgerufen am 10.09.2013. Alle grundlegenden Daten siehe Anhang I. Unterschiede in der Gesamtzahl zu Abb. 5 begründen sich in den beiden Indizes, die nicht übereinstimmend alle Empfängerstaaten auflisten.

Auch diese Übersicht zeigt ein erschreckend klares Bild. Weit mehr als die Hälfte, beinahe zwei Drittel der Empfängerstaaten von 2003 boten ihren Völkern keine oder nur partielle politische und bürgerliche Freiheiten. 23 gelten nach Freedom House gar als nicht frei. Und trotzdem exportierte man in diese Staaten Rüstungsgüter. Hier lässt sich ein weiteres Mal ein Entgegenstehen zwischen politischem Grundsatz und Wirklichkeit vermuten. Doch in welchen Fällen lässt sich eindeutig von Verstößen gegen die Grundsätze sprechen? Wann waren Empfängerländer sowohl Autokratien, als auch politisch nicht frei?

Tabelle 3: Regimetyp und Freiheit der Drittstaaten in *2003*

	Frei	Partiell Frei	Nicht Frei
Demokratie (mit defekten D.)	25	4	0
hybride	0	6	0
Autokratie	0	15	19

Quelle: eigene Darstellung, eigene Berechnung; siehe Daten in Anhang I.

Insgesamt wurden 34 Autokratien mit Rüstungsgütern im Jahr 2003 von Deutschland beliefert, 15 von diesen gelten nach Freedom House als partiell frei, was die politischen Rechte und bürgerlichen Freiheiten betrifft, 19 gelten als nicht frei. Mitnichten kann bei diesen 34, zumindest aber bei den 19 nicht freien Autokratien von einer restriktiven und auf die Menschenrechtlage bedachten Rüstungsexportpolitik im Sinne der politischen Grundsätze gesprochen werden. Im Ergebnis bedeutet dies, dass die rot-grüne Bundesregierung unter Bundeskanzler Schröder, die sich selbst erstmals politische Grundsätze für ihre Rüstungsexporte setzte, diese nicht einhielt. Und zwar für das Jahr 2003 in mindestens 19 Fällen.

Wie verhielt sich die Rüstungsexportpolitik in der Folgeregierung, der Großen Koalition aus Union und SPD? Wiederum war hier Grundlage der Daten der Regierungsjahr mit den höchsten Exportzahlen, das Jahr 2008.

Abbildung 14: Regimetypen der Drittstaaten im Jahr *2008*

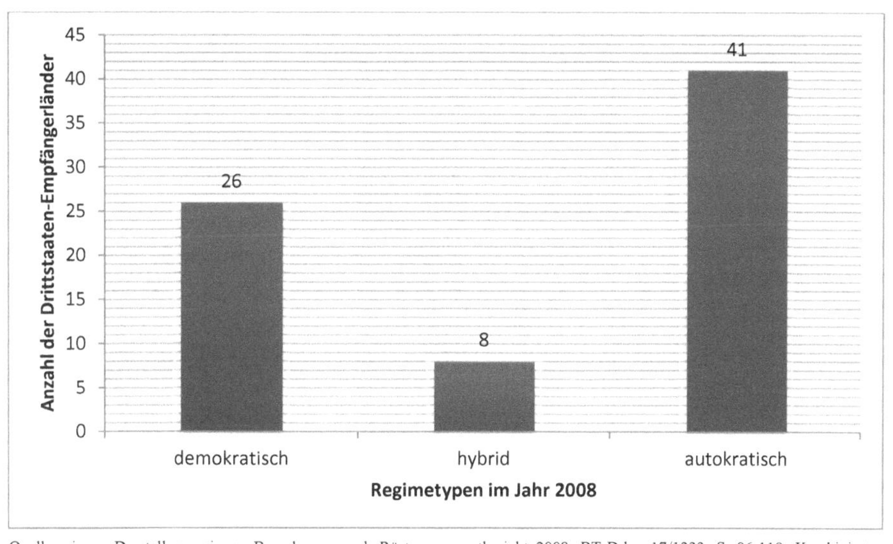

Quelle: eigene Darstellung, eigene Berechnung nach Rüstungsexportbericht 2008, BT-Drks. 17/1333, S. 96-119; Kombinierter Index der Demokratie, Datenbank abrufbar unter: http://www.politikwissenschaft.uni-wuerzburg.de/lehrbereiche/vergleichende/forschung/kombinierter_index_der_demokratie_kid/, aufgerufen am 10.09.2013. Alle grundlegenden Daten siehe Anhang II.

Die Drittstaaten, in denen im Jahr 2008 durch die Regierung Merkel I Rüstungsgegenstände exportiert wurden, waren zum überwiegenden Teil nicht demokratisch. Beinahe zwei Drittel der Empfängerländer war autokratisch oder hybrid, gerade ein Drittel demokratisch und nur fünf Empfängerstaaten sind nach KID als komplett demokratisch klassifiziert. Dies stellt, verglichen mit dem Exportreichsten Jahr der Regierung Schröder II nicht nur einen enormen Anstieg der autokratischen Staaten dar, sondern zugleich einen Rückgang der demokratischen Empfängerstaaten für Rüstungsgüter. Bei qualitativer Betrachtung bereiten dem Betrachter diese Zahlen Ungewissheit über die Restriktivität einer Exportpolitik. Auch quantitativ besehen wachsen Zweifel, was in diesem Sinne restriktiv bedeuten könnte. Kann eine Exportpolitik, die in 75 Staaten außerhalb der EU und der NATO-Staaten, sowie NATO-ähnliche Staaten, Rüstung exportiert sich selbst restriktiv nennen, rein quantitativ? Kann diese Exportpolitik, die an 41 Autokratien Rüstungsgüter verschickt, sich inhaltlich restriktiv gegenüber Drittstaaten nennen? Die Realität scheint die politischen Grundsätze in ihrem Kern auszuhöhlen und nicht zu beachten.

Welche politische Freiheiten und Menschenrechte boten die Drittstaaten-Empfängerländer von 2008?

Abbildung 15: Politische Freiheit und Menschenrechte der Drittstatten im Jahr *2008*

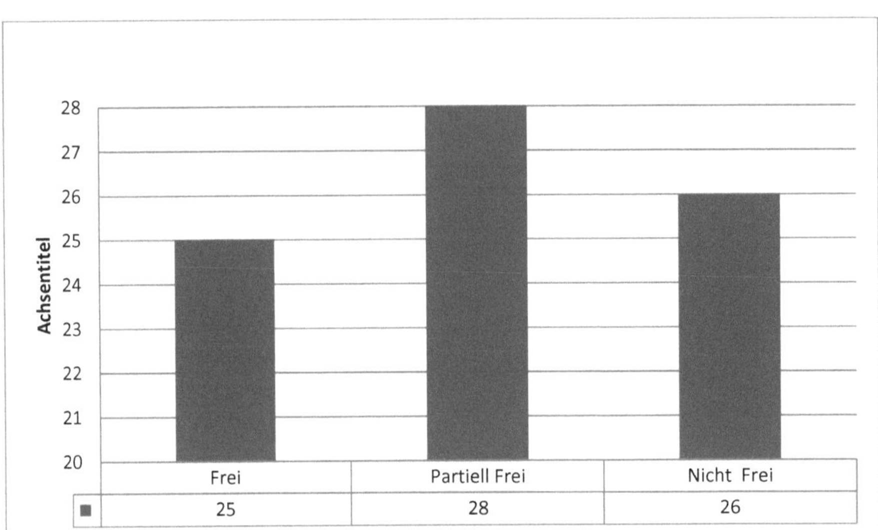

Quelle: eigene Darstellung, eigene Berechnung nach Rüstungsexportbericht 2008, BT-Drks. 17/1333, S. 96-119; Freedom House Country Rating and Status 1973-2013 Datenbank, abrufbar unter: http://www.freedomhouse.org/report-types/freedom-world; zuletzt aufgerufen am 21.10.2013, alle zugrundeliegenden Daten siehe Anhang 2.

Rückbesinnen wir uns erneut der Politischen Grundsätze von 2000. Dort heißt es, Exporte von Rüstungsgütern sind in sogenannte Drittstaaten grundsätzlich nicht genehmigungsfähig, außer in Fällen besonderer außen- und sicherheitspolitischer Interessen der Bundesrepublik. Eine reine Exportpolitik nach *wirtschaftlichen Gesichtspunkten* darf nicht stattfinden und ebenso muss die Menschenrechtslage und politische Freiheit der Menschen in den Empfängerländern in die Prüfung für die Exportgenehmigung berücksichtigt werden, und bei Zweifeln an der Einhaltung dieser Menschenrechte sind die Exporte nicht zu genehmigen.

Die Bundesregierung von 2008 muss erhebliche außenpolitische und sicherheitspolitische Interessen in den Drittstaaten gesehen haben, damit sie begründen kann, wie sie insgesamt an mehr nicht freie und partiell freie Drittstaaten exportiere, als sie dies in politisch freie Drittstaaten tat. Damit wurden die Werte des Jahres 2003 umgekehrt, nun waren die politisch freien Staaten nicht nur in der Gesamtzahl weniger als es partiell freie und nicht freie Staaten waren. Im Jahr 2008 waren die politisch freien Drittstaaten sogar weniger das Ziel von Rüstungsexporten, als die nicht freien und die partiell freien Staaten einzeln gerechnet, im direkten Vergleich. Selbst wenn man der Bundesregierung keine ausschließlich wirtschaftlichen Interessen unterstellen mag, die gemäß Abschnitt III Punkt 2 der Politischen Grundsätze von 2000 allein schon ein ausreichender Versagungsgrund für die Exporte wären, ist es schwerlich vorstellbar, welch immensen außenpolitischen Interessen die Bundesrepublik mit Rüstungsexporten in so viele autokratische Staaten (Zahl: 41) und nicht freie Staaten (Zahl: 26) hegt, die einer Rüstungsexportpolitik dieser Art Legitimation verleihen würde. Eine Verletzung der politischen Grundsätze muss hier konstatiert werden. Mit restriktiver Politik unter dem besonderen Augenmerk der Menschenrechte ist dies nicht in Einklang zu setzen.

Abbildung 16: Drittstaaten im Jahr *2011*

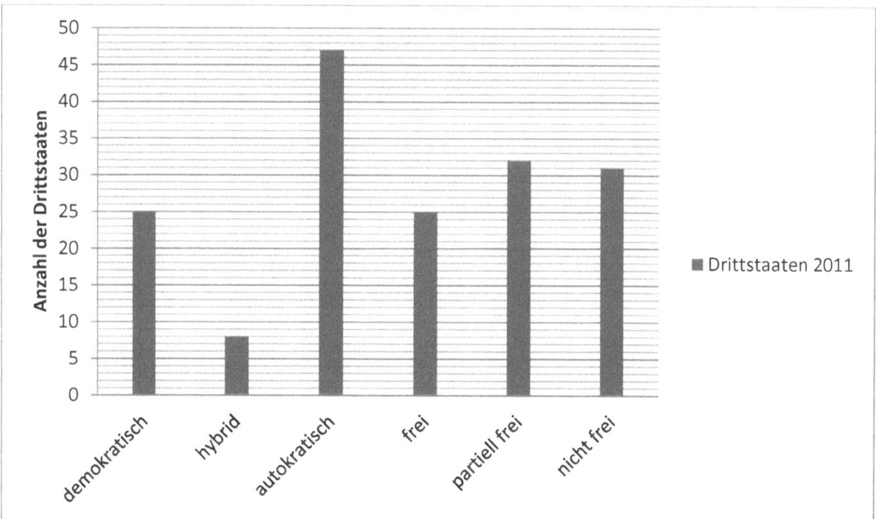

Quelle: eigene Darstellung, eigene Berechnung nach Bundesministerium für Wirtschaft und Technologie (BMWi), Bericht der Bundesregierung über ihre Exportpolitik für konventionelle Rüstungsgüter im Jahre 2011, Berlin 2012, S. 94 ff; Kombinierter Index der Demokratie, aufgerufen am 21.10.2013; Freedom House Country Rating and Status, aufgerufen am 21.10.2013, alle zugrundeliegenden Daten siehe Anhang III.

Im abschließend betrachteten Jahr 2011 ist, ganz ähnlich wie dem Jahr 2008, eine Verteilung von einem Drittel zu zwei Dritteln erkennbar. Wo in *ein Drittel demokratische Staaten* exportiert wurde, wurden auch *zwei Drittel nichtdemokratische Staaten* beliefert (25 zu 55), wo *ein Drittel* der Rüstungsexportempfänger *politisch frei* ist, sind es *zwei Drittel* der Drittstaaten *nicht oder nur partiell* (25 zu 63).

Auch Rüstungspolitik ist ein Teil von Außenpolitik und die Kontinuitäten und Verfestigung von außenpolitischen Strukturen und Merkmalen bleibt über die Grenzen unterschiedlicher Regierungskoalitionen hinweg bestehen. Die drei untersuchten Jahre 2003, 2008 und 2011 – es waren jeweils Jahre in denen eine andere Regierung herrschte und jeweilig deren Spitzenjahr der Rüstungsexporte – beweisen, dass die deutsche Rüstungsexportpolitik einem Konsens der deutschen Politik unterliegt. Unabhängig von konservativ, liberal oder pazifistisch gepräten Regierungen wurde konsequent und zu einem Großteil an autokratische Länder exportiert, an Staaten, die die politische Freiheit und Menschenrechte ihrer Bürger einschränken oder ganz verwehren. Die politischen Grundsätze, die sich die Bundesregierung 2000 selbst setzte, und die seither von allen Folgeregierungen akzeptiert wurde, und an denen allein diese Zahlen gemessen werden, abseits einer moralischen Bewertung, wurden, dies beweisen die Übersichten, nicht eingehalten.

7.6 Ein politischer Handlungsbedarf?

Solange die Bundesregierungen dem Erklärungsbedarf für ihre Exporte an autokratische und nicht freie Staaten nicht nachkommen, muss es kritisch hinterfragt werden, welche sicherheitspolitischen Interessen der Bundesrepublik (und nicht sicherheitspolitisches Interesse des Empfängerstaates, denn dies ist logisch –in autokratischen Staaten, und in Zeiten von neuen Demokratisierungswellen im arabischen Raum – der Machterhalt) besitzt, wenn sie beispielsweise im Jahr 2011 an das autokratische Regime, den politisch nicht freien Staat Saudi Arabien insgesamt *241* Exportgenehmigungen erteilte, unter anderem über Flugkörper, Selbstschusssysteme, Drohnen, Teile für Kampfflugzeuge oder Munition für Granatmaschinenwaffen, Geschütze und Haubitzen.

Sind diese Interessen der Bundesrepublik nicht erkennbar, so besteht ein Missstand. Um diesen Missstand aufzulösen, könnten folgende Überlegungen angestellt werden.

Politische Grundsätze haben politischen Charakter, was es umso einfacher macht, sich nur bedingt an sie gebunden zu fühlen. Es existiert schließlich auch keinerlei Handhabe, wenn gegen sie verstoßen wird, da sie kein bindendes Rechtsinstitut darstellen. Dies könnte gesetzgeberisch geändert werden. Ein Gesetz über die Voraussetzungen für Rüstungsexporte könnte die gleichen Inhalte, wie die politischen Grundsätze enthalten – Regelungen über Exporte in EU und Nato-Staaten, sowie denen ähnliche Staaten und Regelungen für Exporte in Drittstaaten unter besonderem Augenmerk auf die Menschenrechtslage und die politische Freiheit. Durch die *parlamentarische Normierung* bekämen die Grundsätze mehr Wirkkraft und damit natürlich auch verpflichtenden Charakter. Gesetzesverstöße können anders als Verstöße gegen politische Konzepte geahndet werden, eine parlamentarische Opposition könnte Organstreitigkeiten anregen gegen eine Regierung, die entgegen diesem Gesetze handelte, und eine höchstrichterliche Prüfung folgen.

Solange die Bundesregierung aufgrund der verfassungsrechtlichen Regelung des Art. 26 II GG allein über die Inverkehrbringung von Kriegswaffen entscheidet, und dem Parlament erst nach einem Jahr nachträglich ihren Rüstungsexportbericht vorlegt, was dem Typus der nachträglichen parlamentarischen Kontrolle am ehesten nahe käme, kann es im Grunde keine tatsächliche parlamentarische Kontrolle der Rüstungsexporte geben. Die Kritik an Missständen in den Rüstungsexporten verhallt, wenn ihr nicht auch Sanktionen folgen können. Die Rolle und der Einfluss des Parlamentes muss gestärkt werden, und nicht nur die Kontrolle im Nachhinein. Wenn der Bundestag der Anschaffung von jeglichem Kriegsgerät durch sein Budgetrecht zustimmen muss, warum soll er dann nicht auch dem Verkauf von Rüstungsgütern zustimmen müssen, oder diesen ablehnen können? Dazu bedürfte es einer *Verfassungsänderung*. Art. 26 II GG müsste dahingehend geändert werden, dass der Zustimmung der Bundesregierung ebenfalls die *Zustimmung des Bundestages zu Rüstungsexporten* folgen muss. Nach dem Wahlergebnis der Bundestagswahl 2013 wäre eine verfassungsändernde Mehrheit durchaus denkbar. Mittels der Zustimmungspflicht wäre dem unsäglichen Prozess des Aufkommens von Pressenachrichten über mögliche Exporte und dem Schweigen der Bundesregierung bis zur Herausgabe ihres Rüstungsexportberichtes ein Ende gesetzt. Das Parlament und damit verbunden die Öffentlichkeit könnten menschenrechtlich fragwürdige Exportvorhaben stoppen und zusammen mit der Gesellschaft diskutieren. Eine freie und moderne Gesellschaft, wie die deutsche kann und muss solche Diskurse aushalten und führen. Letztlich ist das Ergebnis vor allem auch mehr Akzeptanz für sensible Bereiche, wie Rüstung und Verkauf von Kriegswaffen. Teilhabe und auch das Gefühl der Anwesenheit verschiedener Meinungen befördert die Qualität des öffentlichen Wesens. Wovon wir also sprechen ist Legitimation. Die Debatte sollte der Entscheidungsträger sein, nicht aber ein Faktenschaffen der Exekutive, dem man ein Jahr später, wenn die Berichte veröffentlicht werden, nichts mehr hinzufügen kann.

8 Die parlamentarische Kontrolle der Nachrichtendienste

Die Kontrolle der Geheimdienste durch das Parlament ist ein sensibler Bereich. Obgleich für ihn grundsätzlich nichts anderes gilt, als für andere Bereiche der Kontrolle über eine exekutive Tätigkeit.[347] Vielmehr ist, aufgrund der Sensibilität der Tätigkeit, gerade im Bereich der Geheimdienste eine erhöhte Legitimität und Legitimierung erforderlich. Sie sollen durch eine, dem Wohl des Volkes verpflichtete, parlamentarische Kontrolle gegeben werden. Das stellt das funktionalistische Geflecht der parlamentarischen Kontrolle jedoch vor ein gewisses Dilemma. Einerseits tagt der Bundestag grundsätzlich öffentlich (Art. 42 I S. 1 GG), andererseits behandelt er geheimzuhaltende und als geheim eingestufte Sachverhalte.[348] Eine Kontrolle der Geheimdienste, so zeigt es sich, kann nur in einem besonderen Kontrollsystem stattfinden, will sie sowohl die Handlungsfähigkeit der Dienste, als auch den Kontrollanspruch der Volksvertretung ernsthaft ermöglichen. Wie sieht das bundesdeutsche Kontrollsystem über die Geheimdienste aus? Ist es ein wirksames funktionalistisches Konstrukt, oder vergebliche Bemühung des Bundestages, die Exekutive zu überwachen? Im Folgenden werden die besondere Stellung der untersuchenden Gremien, die Grenzen der Kontrolle, sowie Pflichten der Regierung näher beleuchtet. Abschließend erfolgten eine Einschätzung der Kontrollfähigkeit und eventuelle Verbesserungsvorschläge.

8.1 Die natürliche Nähe zur Regierung

Grundsätzlich ist zu vergegenwärtigen, dass die „nachrichtendienstliche Aktivität zu den typischen und originären Tätigkeiten jeder Regierung“[349] gehört. Ihr obliegt es, politische, wirtschaftliche, militärische, wissenschaftliche Informationen für die politische Führung zu sammeln, da sie der Staatsleitung, dem Staatswohl als auch der inneren und äußeren Sicherheit des Staates und des Volkes verpflichtet ist.[350] Hier entsteht ein Spannungsfeld, in dem sich die Regierung befindet, nämlich eines zwischen der Schutzverpflichtung gegenüber dem Gemeinwe-

---

347 Vgl. *Claus Arndt*, Parlamentarische Kontrolle der Geheimdienste, in: Schneider / Zeh 1989, S. 1369-1392, hier 1369.

348 Vgl. *Arndt* 1989, S. 1369.

349 *Erik Hansalek*, Die parlamentarische Kontrolle der Bundesregierung im Bereich der Nachrichtendienste, Frankfurt 2006, S. 11.

350 Vgl. *ibid.*

sen und dem Informationsinteresse, das durch die Geheimdienstarbeit gestillt werden kann.

In der Bundesrepublik beginnt die Kontrolle der Geheimdienste, eine innerexekutivische Kontrolle, mit der eigens eingerichteten Koordinationsstelle für die drei Geheimdienste, die direkt im Kanzleramt angesiedelt ist und unter der Leitung des Kanzleramtschefs steht. Die historische Entstehung der Koordinationsstelle geht auf die Guillaume-Affäre zurück, in deren Nachbereitung die Bundesregierung Schmidt einen Bericht der eigens einberufenen Kommission „Vorbeugender Geheimschutz" über die Prüfung von Sicherheitsfragen im Zusammenhang mit dem Fall Guillaume im November 1974 erstattete.[351] In dem nach dem Staatsrechtler Professor Dr. Eschenburg benannten „Eschenburg-Bericht" wird auch auf Verbesserungsvorschläge eingegangen. Ein wesentlicher dieser Punkte ist die Errichtung einer Koordinierungsstelle der drei Nachrichtendienste.[352] Demnach habe sich die Selbstkoordinierung der drei Dienste als nicht zuverlässig gezeigt. Es sei somit sinnvoll, eine gemeinsame Koordinierung durch das Bundeskanzleramt zu erreichen, dem ohnehin bereits der BND unterstand. Es solle entweder dem Chef des Bundeskanzleramtes (Kanzleramtsminister) oder einem ihm zur Seite gestellten Beauftragten die Koordinierung übertragen werden.[353]
Im Übrigen sollte der Beauftragte, vor allem bei einer Unterstellung unter den Bundeskanzler, folgende Aufgaben wahrnehmen:

1) Führung der Dienst- und Fachaufsicht über den BND
2) Steuerung des BND in Personal-, Haushalts- und Organisationsangelegenheiten
3) Umsetzung der Weisungen des Bundeskanzlers gegenüber dem BND
4) Unterrichtung der Ressorts über die sie betreffenden Informationen des BND, soweit sie nicht unmittelbar vom BND unterrichtet werden
5) Koordination der drei Dienste im Rahmen des Artikels 65 GG, insbesondere:

- Abstimmung gemeinsamer Arbeitsschwerpunkte,
- Lösung gemeinsamer technischer Fragen,
- beschleunigter Ausbau des zentralen Informationswesens, Intensivierung der Zusammenarbeit der drei Dienste im Einvernehmen mit den beteiligten Ressorts

---

351 Vgl. BT Drs 7/3083; vertieft *Georg Herbstritt*, Bundesbürger im Dienst der DDR-Spionage. Eine analytische Studie, Göttingen 2007, S. 320, 358.

352 Vgl. BT Drs 7/3083, S. 35f.

353 Vgl. *ibid*, S. 37.

- Beaufsichtigung der Zusammenarbeit der Dienste und Entscheidung über Beschwerden nach Abstimmung mit den beteiligten Ressorts,
- Klärung von Grundsatzfragen und Entscheidung in Zweifelsfällen im Zusammenwirken mit den beteiligten Ressorts;
- Führung der Geschäfte des Staatssekretärsausschusses für Sicherheitsfragen;
- Verbindung der Bundesregierung zum Vertrauensmännergremium des Bundestages.[354]

Die erste Stufe der Geheimdienstkontrolle sollte also durch eine Zusammenführung der Überwachung und der Aufgabendelegation, *supervision and delegation,* erfolgen. Dass im Eschenburg-Bericht die Kontrolle durch das Parlament nur in einem letzten Unterpunkt berührt wird, zeigt auch, in welchem Stadium der parlamentarischen Verantwortung man sich im exekutiven Denken im Jahr 1974 noch befand, das Gesetz über die Parlamentarische Kontrollkommission entstand erst vier Jahre später.

Mit dem Organisationserlass des Bundeskanzlers vom 17.12.1984 wurde dem Chef des Bundeskanzleramtes das Amt des Beauftragten für die Nachrichtendienste übertragen.[355] Ihm obliegt generell die „Koordination und Intensivierung der Zusammenarbeit des Bundesnachrichtendienstes, des Bundesamtes für Verfassungsschutz und des Militärischen Abschirmdienstes untereinander und ihre ressortübergreifende Zusammenarbeit mit anderen Behörden und Dienststellen.“[356] Dabei hat er den Vorsitz des Staatssekretärausschusses für das geheime Nachrichtenwesen und die Sicherheit (bestehend aus den Staatssekretären des Bundeskanzleramtes, sowie der Ministerien für Inneres, Verteidigung, Justiz, und Äußeres[357]) inne, wirkt an der parlamentarischen Behandlung der Haushaltsangelegenheiten der drei Dienste mit und bereitet die Sitzungen der Parlamentarischen Kontrollkommission (später Kontrollgremium) vor.[358]

---

354 Vgl. BT Drs 7/3083, S. 37.
355 Vgl. BGBl. I 1984, S. 1689.
356 *Ibid.*
357 Vgl. *Hansalek* 2006, S. 14.
358 Vgl. BGBl. I 1984, S. 1689

8.2 Die Geheimdienste und eine Ausschusskontrolle?

In der Bundesrepublik Deutschland existieren drei Geheimdienste, das dem Bundesinnenministerium unterstelltem Bundesamt für Verfassungsschutz (BfV), der dem Verteidigungsministerium unterstellten Militärischen Abschirmdienst (MAD) sowie der Bundesnachrichtendienst der dem Bundeskanzleramt direkt untersteht. Betrachten wir das einleitend beschriebene Problem der Öffentlichkeit des Plenums und der damit einhergehenden Öffentlichkeit der geheimen Sachverhalte, so stellt sich die Frage nach Alternativen. Diese wären zuerst in einem geheim tagenden Plenum des Bundestages zu finden. Art. 42 I S. 2 und 3 GG eröffnen diese Möglichkeit der nicht öffentlichen Sitzung. Doch ist einzuwenden, dass der Bundestag aus mindestens 598 Abgeordneten besteht, in der 17. Legislaturperiode gar aus 622 und nach der Wahlrechtsreform womöglich aus noch erheblich mehr Parlamentariern[359]. Eine Geheimhaltung, besonders im Hinblick auf personenbezogene Daten und den Datenschutz, scheint hier beinahe unmöglich. Diese Variante ist schlichtweg unrealistisch. Doch könnte der Bundestag durch seine Ausschüsse der parlamentarischen Kontrolle nachkommen? Gemäß der Korollartheorie besitzen diese die gleichen Kontrollrechte, wie der Bundestag, dessen Hilfsorgane sie sind und aus dem sie hervorgehen. So wäre der Innenausschuss des Bundestages berechtigt, das Bundesamt für Verfassungsschutz begleitend und nachträglich zu Kontrollieren, sich über alle Aktivitäten informieren zu lassen und die erhaltenen Informationen zu verarbeiten und zu bewerten (Definition bei Steffani). Voraussetzung wäre, dass der betreffende Ausschuss nicht öffentlich tagt, was grundsätzlich der Fall ist (§ 69 I S. 1 GeschOBT), und die Ausschussmitglieder eine geheime Tagungen beschließen (§ 69 VII GeschOBT i.V.m. der Geheimschutzordnung des Bundestages). Wenn der Innenausschuss beispielsweise mit seinen 37 Mitgliedern (17. Legislaturperiode) oder der Verteidigungsausschuss mit 34 Mitgliedern die parlamentarische Kontrolle für ihren Bereich bezüglich der Geheimdienste übernähme, wäre die Zahl der beteiligten Personen bereits erheblich reduziert. Die Literatur konstatiert an dieser Stelle eine noch immer zu große Personenmenge, um Geheimniswahrung zu erreichen.[360] Dieses Argument – um dies nur kurz vorwegzunehmen und an späterer Stelle ausführlich darauf zurückzukommen – der Literatur zielt darauf ab, dass durch das Parlamentarische Kontrollgremium (PKGr), einen wesentlich kleineren Personenkreis umfassend, ein höherer Geheimnisschutz gewährleistet ist. Also je

359 Vgl. *Helmut Stoltenberg*, Das Versprechen der Demokratie, in: Das Parlament vom 25.02.2013, S. 4; weiterhin vgl. BT-Drs 17/11819.

360 Vgl. *Arndt* 1989, S. 1370.

weniger involvierte Personen, umso mehr Vertraulichkeit, so die These. Sie mag unbestritten in den allermeisten Fällen sich bewahrheiten. Doch zeigt ein aktueller Sachverhalt, wie schnell auch das PKGr alle Vertraulichkeit vergessen lässt, wenn die Rahmenbestimmungen es hergeben. Im Fall um die wohlmöglichen Abhöraktivitäten des US-amerikanischen Auslandsgeheimdienstes NSA in Deutschland befeuerte die Presse hierzulande eine Debatte enormen Ausmaßes. Die gewohnt heimelige Atmosphäre, in der üblicherweise zwischen PKGr und Geheimdienstkoordinationsstelle im Bundeskanzleramt gearbeitet und kontrolliert wird, war durch die mediale Aufmerksamkeit dahin, wodurch sich auch das PKGr, insbesondere die Oppositionsmitglieder, und dies noch direkt vor einer Bundestagswahl, berufen fühlten, die große und öffentlichkeitwirksame Kontrolle zu üben. Reporter warteten vor den Räumen des Kontrollgremiums und sowohl Geheimdienstkoordinator Ronald Pofalla, als auch der Reihe weg, die Mitglieder des Gremiums standen an, um vorher, wie nachher von der Sitzung zu berichten, die Ergebnisse der Öffentlichkeit preiszugeben und einen Geheimnisschutz ganz nebenbei zu vergessen. So sah sich gar der Vorsitzende des Kontrollgremiums Thomas Oppermann berufen, die zuvor der Regierung gestellten, und beantworteten Fragen über das soziale Netzwerk twitter zu veröffentlichen[361] und der Präsident des Bundesamtes für Verfassungsschutz erklärte nach früheren Dementierungen schließlich doch die Existenz und Benutzung der Spähsoftware xkeyscore durch seine Behörde. Sicherlich wurde in der Debatte nicht jeglicher Geheimnisschutz übergangen und auch die veröffentlichte Regierungsantwort verweist teils auf unter Verschlusssache geschützte Dokumente. Was aber eindeutig passierte, war ein bedingt durch die mediale Berichterstattung und das Interesse der Bevölkerung an Aufklärung gestärkter Wille zur Kontrolle und zur Aufklärung eines geheimdienstbezogenen Sachverhaltes. Und unbenommen der Tatsache, dass hier das PKGr und nicht der Innenausschuss des Bundestages die Kontrolltätigkeit ausübte, herrschte ein hoher Informationsfluss nach außen, und von außen her.

Allein ein kleines Kontrollgremium ist also noch kein Garant für eine vertrauliche Kontrolle. Dass trotz dessen die parlamentarische Kontrolle der Geheimdienste in der Bundesrepublik nicht primär durch seine Ausschüsse wahrgenommen wird, ist auch historisch bedingt und soll an zwei weiteren Beispielen dargestellt werden.

---

[361] Erreichbar unter: <https://twitter.com/ThomasOppermann>, Eintrag vom 15.08.2013.

8.2.1 Die Haushaltskontrolle

Die *Haushaltskontrolle* durch den Bundestag als eines der wichtigsten und ursprünglichsten Parlamentsrechte wird durch die Beratung der vorgelegten Haushaltspläne, zunächst in den Fachausschüssen, dann im Haushaltsausschuss und letztlich im Plenum ausgeübt.[362] Für die Haushaltskontrolle der deutschen Geheimdienste kann dies nicht konstatiert werden, aus ähnlichen Gründen, wie auch die übrige Kontrolle nicht in der Öffentlichkeit des Parlamentes stattfindet. Im historischen Aufriss wurde die Haushaltsplanung durch das 1956 gegründete Parlamentarische Vertrauensmännergremium unter Vorsitz und Einberufung des Bundeskanzlers Adenauer übernommen. Aufgrund der detaillierten Auflistung von Einnahmen und Ausgaben im Haushaltsplan lassen sich daraus umfangreiche Schlussfolgerungen über Struktur, Personal und Projekte sowie Vorhaben der Geheimdienste herauslesen, was dem Sinn eines Geheimdienstes diametral entgegensteht. Für eine Funktionsfähigkeit ergibt sich ebendies gleiche Dilemma wie es sich bei der Kontrolle der Tätigkeiten durch das Parlament zeigte und die Kontrolle sollte über ein Gremium von kleinem Umfang ermöglicht werden. Das Vertrauensmännergremium hatte die Aufgabe, in kleinem Kreis die vorgelegten Haushaltsentwürfe abzusegnen. Unter Bundeskanzler Brandt wurde das Vertrauensmännergremium reformiert und erhielt ein Selbsteinberufungsrecht sowie einen rotierenden Vorsitz, den nicht mehr der Kanzler, sondern Parlamentarier stellten.[363]

Im Jahr 1986 urteilte das Bundesverfassungsgericht über die grundsätzliche Zulässigkeit von verkleinerten geheim tagenden Gremien zur Beschließung von geheimen Wirtschaftsplänen. Geklagt hatte zuvor die Fraktion der Grünen im Bundestag gegen die Haushaltsgesetze der Jahre 1984 und 1985 bezüglich der Haushaltstitel der Geheimdienste sowie gegen die Wahl der Personen in das geheime Gremium nach §4 IX Bundeshaushaltsgesetz von 1984, in der die Abgeordneten der Fraktion der Grünen nicht berücksichtigt wurden und damit von einer parlamentarischen Kontrolle der Haushalte der Nachrichtendienste ausgeschlossen waren.

Das Bundesverfassungsgericht erklärte in seiner Entscheidung:

> „Die Belange des Geheimschutzes bei der Beratung der Wirtschaftspläne erfordern ein hohes Maß an Vorsorge. (...) Die Entscheidung, nur ein sehr kleines parlamentarisches Gremium mit Beratungsgegenständen aus diesem Bereich zu

---

362 Vgl. *Peter Eickenboom*, Haushaltsausschuss und Haushaltsverfahren, in: *Hans-Peter Schneider / Wolfgang Zeh* 1989, § 44, Rn. 1 ff.

363 Vgl. *Arndt* 1989, S. 1372.

> befassen, ist verfassungsrechtlich zulässig. Auch in früheren Haushaltsjahren war die Beratung der Wirtschaftspläne der geheimen Dienste in ein sehr kleines Gremium, einen Unterausschuß des Haushaltsausschusses, verlagert."[364]

Das durch §10 a Bundeshaushaltsordnung begründete Vertrauensgremium, welches nunmehr die Aufgabe der Haushaltsprüfung der Geheimdienste übernimmt, gilt als Gremium sui generis.[365] Dem Parlament als ganzem wird durch diese Regelung kein Informationsrecht zugesprochen. Das Vertrauensgremium billigt die vorgelegten Wirtschaftspläne und nimmt weiterhin auch die nachträgliche Rechnungsprüfung wahr (§10a III S. 1 BHO). Am ersten Beispiel der Haushaltskontrolle der Geheimdienste zeigte sich demnach, dass der Bundestag hier keine originäre Kontrolle durch seine üblichen Ausschüsse ausübt. Der Haushaltsausschuss des Bundestages besitzt an dieser Stelle keine Kompetenzen.

8.2.2 Der Untersuchungsausschuss und die Geheimdienste

An einem zweiten Beispiel soll gezeigt werden, dass die charakteristische Ausschussarbeit des Bundestages nicht im Bereich der Geheimdienste greift. Der Bundestag, es wurde bereits behandelt, besitzt nach den Theorien von Weber und Zweig das scharfe Schwert der Untersuchungsausschüsse. Benutzt der Deutsche Bundestag sein Enqueterecht, um eine geeignete Kontrolle der Nachrichtendienste aufzustellen?

Die Antwort ist geteilt. Die nachfolgende Tabelle zeigt zwei Erkenntnisse. Erstens nutzt der Bundestag sehr wohl sein Untersuchungsrecht um auch Themen, die die deutschen Geheimdienste betreffen, aufzuklären. Dies richtet er besonders in skandalträchtigen und öffentlichkeitwirksamen Affären ein, weshalb erneut auf die Studie zur *Salienz* außenpolitischer Themen und der parlamentarischen Kontrolle und auf die Einteilung der Arten von Untersuchungsausschüssen verwiesen sein soll, da sich hier ähnliche Umstände erkennen ließen.[366] Und zweitens wird deutlich, dass allein eine skandalbezogene, große Kontrolle nicht ausreichend ist, da lediglich wichtige Themen von großem Interesse im „Zirkus" der Untersuchungsausschüsse behandelt wird. Alles andere wäre rein ineffizient. Doch kann die kleine Kontrolle der übrigen Tätigkeit der Geheimdienste nicht vernachlässigt werden, weshalb es zu weiteren Gremien auch kam.

---

364 BVerfGE 70, 324 (363).
365 Vgl. *Hansalek* 2006, S. 120.
366 Vgl. *Jäger / Oppermann / Höse / Viehrig* 2006.

Tabelle 4: Nachrichtendienstlich bezogene Untersuchungsausschüsse

Titel	Legislaturperiode	Bundestagdrucksache
Telefon-Abhöraffäre	4	4/1544
Überprüfung Organisation der Nachrichtendienste	5	5/3442
Guillaume-Ausschuss	7	7/2193
Abhörvorfall Franz Josef Strauß	8	8/1470
Spionageabwehr Amtszeit Bundesinnenminister Dr. Zimmermann	10	10/3906
Plutoniumschmuggel	13	13/1176
BND-Untersuchungsausschuss	16	16/990
Terrorgruppe nationalsozialistischer Untergrund	17	17/8453

nicht abschließend, Quelle: Peter Schindler, Datenhandbuch zur Geschichte des Deutschen Bundestages 1949-1999, S. 2188-2202; ders. Datenhandbuch zur Geschichte des Deutschen Bundestages seit 1990, http://www.bundestag.de/dokumente/datenhandbuch/08/08_09/08_09_03.html, aufgerufen am 21.08.2013.

Auch in der Affäre um die Enthüllungen von *Edward Snowden*, die auch erhebliches Misstrauen gegenüber deutschen Nachrichtendiensten aufkommen ließ, ließen oppositionelle Fraktionen verlauten, einen Untersuchungsausschuss nach der Bundestagswahl 2013 einsetzen zu wollen.[367]

Abschließend ist einzuschätzen, dass eine parlamentarische Kontrolle der Geheimdienste durch eine Ausschusskontrolle nicht gelingen kann. Die originären

367 Vgl. Passauer Neue Presse vom 15.07.2013.

Ausschüsse des Bundestages sind zu groß um Geheimhaltung tatsächlich zu garantieren, die Untersuchungsausschüsse dienen nur den großen, bedeutenden Themen von allgemeinem Interesse, nicht aber der täglichen Kontrolle und der Bundestag selbst war es, der mittlerweile andere Gremien für seine Kontrolltätigkeit einrichtete, so das Vertrauensgremium für die Haushaltskontrolle oder das Parlamentarische Kontrollgremium, das im Anschluss untersucht wird.

8.3 Das Parlamentarische Kontrollgremium

Bisher wurden Begriffe der Kontrollkommission, des Vertrauensgremiums und des Kontrollgremiums verwendet, ohne diese näher zu beleuchten. Diese zentrale Einrichtung des Bundestages ist ein Kernstück parlamentarischer Überwachung, ist historisch gewachsen und sieht sich einer stets wiederkehrenden Kritik ausgesetzt, sie sei zu ineffizient, ihre Kontrolle zu schwach und im Grunde sei trotz der mehrfachen Kompetenzerweiterungen ein Reformbedürfnis auszumachen. Entgegen dieser Vorwürfe ist jedoch seit Jahrzehnten ein Trend zu vermehrter parlamentarischer Überwachung und Informationsmöglichkeiten gegenüber den Geheimdiensten zu erkennen.[368]

Das *Vertrauensmännergremium*, das seine Arbeit ursprünglich 1955 aufnahm[369], kann aus der heutigen Sicht als wesentlich defizitär bezeichnet werden. Es war ein nicht eigenständiges Gremium, unter Vorsitz des Kanzlers, und durfte „(n)ach den Vorstellungen der Bundesregierung (...) Berichte der Leiter der Nachrichtendienste entgegennehmen, der Bundesregierung Anregungen übermitteln(!) und sie in grundsätzlichen Angelegenheiten der Nachrichtendienste beraten."[370] Weiterhin kam man infolge der Reformanstrengungen von 1964, ausgelöst durch den durch die SPD eingesetzten Untersuchungsausschuss der 4. Legislaturperiode[371] und dessen Aufforderung[372] an die Bundesregierung, Vorschläge für eine verbesserte parlamentarische Kontrolle der Geheimdienste zu unterbreiten, dazu, die Kontrolltätigkeit auch auf den MAD und das BfV auszuweiten, was im Umkehrschluss hieß, dass sie sich zuvor allein auf den BND erstreckte. Das Gremium sollte nach den Vorstellungen der Bundesregierung dreimal jähr-

---

368 Vgl. *Dietmar Peitsch / Christina Polzin*, Die parlamentarische Kontrolle der Geheimdienste, NVWZ 2000, 378 (379).

369 Vgl. *Stefanie Waske*, Mehr Liaison als Kontrolle, Die Kontrolle des BND durch das Parlament und Regierung 1955-1978, Wiesbaden 2009, S. 37.

370 *Bundesministerium des Inneren*, Bericht der Bundesregierung über organisatorische und personelle Maßnahmen auf dem Gebiet des Verfassungsschutzes und über die parlamentarische Kontrolle der Nachrichtendienste von 1964, BT Drs 4/2582, S. 3.

371 BT-Drs. 4/1544.

372 BT-Drs. 4/2170, S. 6.

lich zusammentreffen.[373] Offensichtlich ist hier noch der autoritäre Hauch der Kanzlerdemokratie Adenauers spürbar, der eine parlamentarische Kontrolle der Geheimdienste, die unter der Aufsicht seines Kanzleramtes stehen, nur unter seinen Gnaden gewährt, keinesfalls aber als originäres Recht des Parlamentes anerkennt. Ein Gremium, dem nur Berichte vorgelegt werden, und welches der Bundesregierung Anregungen übermitteln darf, klingt schlechterdings nach einer echten parlamentarischen Institution, mehr noch nach einem beratendem Mitglied ohne Stimmrecht.

Es wurde bereits gezeigt, wie im Kabinett Schmidt I nach der Guillaume-Affäre der Kommissionsbericht der Bundesregierung erging und welche Vorschläge zur exekutivischen Kontrolle der Geheimdienste vorgetragen und umgesetzt wurden. Demgegenüber bestand seit 1956 allein das eingeschränkte Vertrauensmännergremium des Bundestages. Im Antrag der sozialliberalen Koalition vom 09.11.1977 über den Gesetzentwurf für die parlamentarische Kontrolle der Nachrichtendienste heißt es zur Begründung, es bestehe noch keine Rechtsgrundlage für diese Kontrolle. Sie solle künftig mittels einer *Parlamentarische Kontrollkommission* ausgeführt werden.[374] Mit dem Gesetz über die parlamentarische Kontrolle nachrichtendienstlicher Tätigkeit des Bundes vom 11. April 1978 wurde schließlich der rechtliche Rahmen geschaffen und die PKK, als Teil des Bundestages[375], eingerichtet, was bedeutete, dass die funktionalistische Kontrolle des Parlamentes über die Geheimdienste ausgebaut, und vor allem formalisiert wurde. Mit der PKK konnte schließlich auch erstmals eine einigermaßen ausgleichende Machtbalance zwischen Bundesregierung und Bundestag bezüglich der Nachrichtendienste hergestellt werden, wenn auch noch immer mit deutlichen Gewichten aufseiten der Bundesregierung.

Gut zwei Dekaden später erfolgte die erste umfassende Reform der parlamentarischen Geheimdienstkontrollkommission[376] mit der Folge einer Erweiterung der Kompetenzen und Straffung der Strukturen des nunmehr genannten *Parlamentarischen Kontrollgremiums*.[377]

---

373 Vgl. BT-Drs. 4/2582, S. 3.

374 Vgl. BT-Drs. 8/1140.

375 Vgl. hier die Abgrenzung zwischen Hilfsorgan des Bundestages, Unterorgan und Teil: *Kay Waechter*, Geheimdienstkontrolle – erfolglos, folgenlos, umsonst? Zur Durchsetzung des Unterrichtungsanspruches der Parlamentarischen Kontrollkommission für die Nachrichtendienste, JURA 1991, 520-526.

376 Vgl. *Hansjörg Geiger*, Wie viel Kontrolle ist möglich und nötig? Rechtliche Grundlagen und politische Praxis, in: *Smidt / Poppe / Krieger / Müller-Ensberg* (Hrsg.), Geheimhaltung und Transparenz. Demokratische Kontrolle der Geheimdienste im internationalen Vergleich, Berlin 2007, S. 33-45, hier 38.

377 Vgl. BT-Drs. 14/539; BGBl. I 1999, S. 1334.

Zur Begründung hieß es nunmehr, aufseiten der Institutionen des Bundestages

> „sollen die Parlamentarische Kontrollkommission und das G 10-Gremium in einem Kontrollorgan unter der neuen Bezeichnung Parlamentarisches Kontrollgremium zusammengefaßt werden. Eine effektivere Kontrolle der nachrichtendienstlichen Tätigkeit des Bundes läßt es auch angezeigt sein, daß das neue Parlamentarische Kontrollgremium erweiterte Kontrollmöglichkeiten erhält, indem ihm die Bundesregierung Einsicht in Akten und Dateien der Dienste gibt sowie die Anhörung von Mitarbeitern der Dienste gestattet und Besuche bei den Diensten ermöglicht."[378]

Die parlamentarische Kontrolle sollte dergestalt Wirkung zeigen, dass die Bundesregierung zwingende Unterrichtungspflichten über die Arbeit der Geheimdienste gegenüber dem PKGr hat, die sie allein unter Verweis auf ihren exekutiven Kernbereich verweigern könne, und dass das PKGr eigenständig Sachverständige für seine Arbeit bestellen könne, sowie Akteneinsicht und Zutritt zu den Geheimdiensten habe und Vernehmungen der Mitarbeiter auf eigenes Verlangen hin ausüben könne.

Im Jahr 2009 wurde die bisher jüngste Reform des Kontrollgremiums verabschiedet. Auch diese Reform hatte zum Ziel, die parlamentarische Kontrolle zu erweitern und ihre Institution gegenüber der Bundesregierung zu festigen. Als ein erneutes Austarieren des Gleichgewichtes zwischen exekutivem Informationsvorsprung und parlamentarischem, wesentlichem Vorbehalts- und Beteiligungsdrang kann diese Gesetzgebung bezeichnet werden und es zeigt sich, dass trotz der vielen formalen Regeln die das Verfassungs- und Parlamentsrecht mit sich bringt, wir es mit einem fluiden System zu tun haben, einem Vorspringen und Einholen der beiden Organe. Kippt die Balance zugunsten einer Seite aus, reagiert die andere und schafft sich ausgleichende Kompetenzen. Und letztlich ist die Rolle des Bundesverfassungsgerichtes in diesem fluiden System nicht zu unterschätzen, sorgt es wie wir bisher gesehen haben regelmäßig für ausgeglichene Verhältnisse im Konstrukt der Gewaltenteilung.

Mit der Austarierung von 2009[379] wurde dem Parlamentarischen Kontrollgremium Verfassungsrang eingeräumt, indem man Artikel 45d in das Grundgesetz einfügte. Der bloße Text ist kurz gefasst und verweist auf das PKGrG als ausformulierte Gesetzesregelung, doch ist dies nicht zu kritisieren, soll eine Verfassung schließlich auch „kurz und dunkel" sein. Es sei vor allem verwiesen auf die relative Verschiebung im Institutionengefüge. Natürlich hatte das Gesetz über

---

378 BT-Drs. 14/539, S. 1.
379 BGBl. I 2009, S. 2346.

das parlamentarische Kontrollgremium bereits zuvor bestanden, doch nur als einfachgesetzliche Regelung, die ebenso einfachgesetzlich, sprich mittels Parlamentsmehrheit, wieder abgeschafft werden könnte. Es soll nicht der Eindruck erweckt werden, dies hätte unmittelbar bevor gestanden. Allein soll der Pfad gezeigt werden, den man im Laufe der Bundesrepublik einschlug.

Das PKGr hat seit 2009 eine Fülle an Kompetenzen. Es kann sich selbst eine Geschäftsordnung geben (§3 I S. 2 PKGrG), tritt auf Verlangen von bereits einem Mitglied zusammen (§3 II PKGrG), was einen verbesserten Minderheitenschutz darstellt, die Bundesregierung ist einer Unterrichtung über die nachrichtendienstlichen Tätigkeiten verpflichtet, sowie auch über weitere Vorgänge, über die das PKGr unterrichtet werden will (§4 I PKGrG). Das PKGr hat gemäß §5 I PKGrG die Befugnisse, Akteneinsicht, sogar im Original[380] oder Übersendung der Daten zu verlangen, hat Zutritt zu allen Dienststellen der Nachrichtendienste. Weiter kann das PKGr Mitarbeiter der Geheimdienste anhören, ebenso Mitglieder der Bundesregierung, und auch Beschäftigte anderer Behörden befragen (§5 II PKGrG). Nach §5 IV PKGrG sind Gerichte und Behörden zur Amtshilfe verpflichtet. Zur Klärung von besonderen Fällen kann auf Entschluss von 2/3 der Mitglieder des Kontrollgremiums ein Sonderbeauftragter zur Untersuchung beauftragt werden (§7 PKGrG). Der Vorsitzende, ein Stellvertreter oder ein beauftragtes Mitglied könne zudem an den Beratungen des Haushaltsgremiums nach §10a Bundeshaushaltsordnung mitberatend teilnehmen.

Betrachtet man die bisherige Genese der parlamentarischen Kontrollinstitutionen über die Nachrichtendienste in der Geschichte der Bundesrepublik Deutschland, und bemisst den einzelnen Kategorien – wir wollen sie Kontrollinstitute nennen – jeweils einen Wert von 1, ergeben sich folgende Tabelle und folgendes Diagramm.

---

[380] Vgl. *Udo Wittmoser*, Die Landesämter für Verfassungsschutz, Hamburg 2012, S. 126.

Tabelle 5: Genese der Kontrollinstitute der geheimdienstüberwachenden Gremien

Kontrollinstitut	VertrGr 1955	VertrGr 1964	PKK 1978	PKK 1992	PKGr 1999	PKGr 2009
eigene Wahl Mitglieder / Einberufung	0	0	1	1	1	1
Unterrichtungspflicht der Bundesregierung	0	1 (eingeschränkt)	1	1	1	1
Akteneinsicht	0	0	0	0	1	1
Bestellen eines Sachverständigen	0	0	0	0	1	1
Zutritt zu Dienststellen	0	0	0	0	1	1
Anhörung von Mitarbeitern der Dienste	0	0	0	0	1	1
Befragung von Mitarbeitern anderer Behörden und der Bundesregierung	0	0	0	0	0	1
Amtshilfe durch andere Behörden	0	0	0	0	0	1
Behandlung von Eingaben / Petitionen	0	0	0	0	1	1
Berichterstattung gegenüber dem Bundestag	0	0	0	1	1	1
Verfassungsrechtliche Kontrolle bei Streitigkeiten	0	0	0	0	0	1

Quelle: eigene Darstellung

In der linken Spalte die Kontrollinstitute und daneben aufgeführt das Vorhandensein oder Nichtvorhandensein der Kompetenz für die einzelnen Gremien in ihrer rechtlichen Entwicklung von 1955 bis 2009. Es ist deutlich zu erkennen, wie mit den Wellen der Reformierung mehr und mehr Kontrollkompetenzen normiert wurden.

Abbildung 17: Zunahme der Kontrollinstitute geheimdienstkontrollierender Gremien

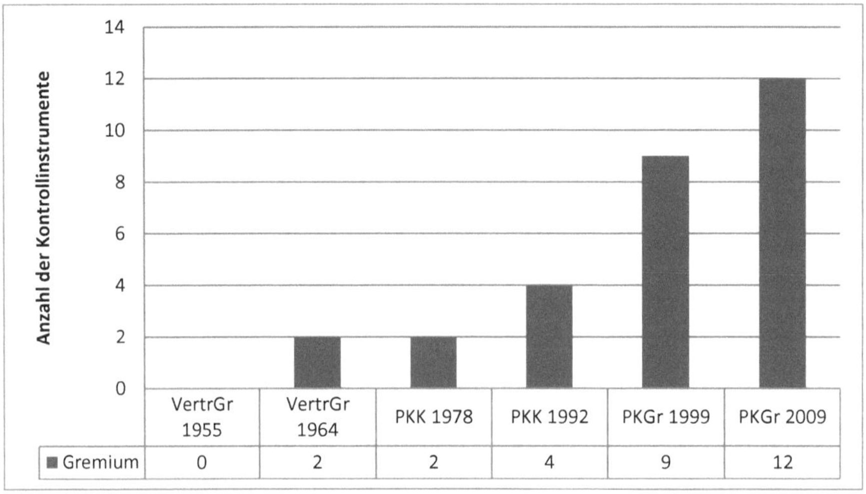

Anzahl der Kontrollinstrumente

	VertrGr 1955	VertrGr 1964	PKK 1978	PKK 1992	PKGr 1999	PKGr 2009
Gremium	0	2	2	4	9	12

Quelle: eigene Darstellung.

Im Zuge der Weiterentwicklung der parlamentarischen Kontrolle der Geheimdienste ist neben dem Zuwachs an Kontrollinstituten der Gremien auch ein weiterer Trend ersichtlich. Die zunehmende Formalisierung und Kompetenzstärkung hatte auch eine Auswirkung auf den Normcharakter der Kontrollgremien. So wurde 2009 das PKGr gar in den Verfassungsrang erhoben. Erklären lässt sich dies mit der zunehmenden Selbstwahrnehmung des Parlamentes als einen zentralen Spieler im politischen Prozess, einem Aufbauen einer nicht umgehbaren Position gegenüber der Bundesregierung. Ein Bedeutungsverlust des Parlaments kann hier verneint werden.

Abbildung 18: Entwicklung des Normenranges der Kontrollgremien

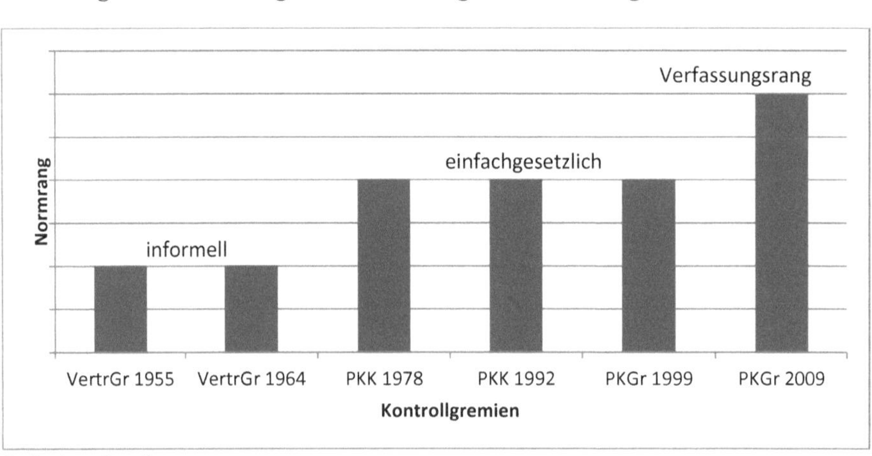

Quelle: eigene Darstellung.

8.4 Betrachtung der NSA-Spähaffäre

Wie gestaltete sich die gewaltenteilige und verfassungsrechtliche Institutionen-Gemengelage im Lichte der NSA-Debatte? Vordergründig bewegt sich die Affäre um die Enthüllungen des ehemaligen amerikanischen Geheimdienstmitarbeiters Edward Snowden, der, nach Hong-Kong geflohen, über verschiedene Medien ein immenses Datenmaterial veröffentlichte, das nach seiner bisherigen Durchschau auf ein mögliches System von Kommunikationsüberwachung durch britische und US-amerikanische Geheimdienste auch deutscher Telefon- und Internetverbindungen und Kommunikation hinweist. Ob und in wie weit die „Enthüllungen" der Wahrheit entsprechen, soll hier nicht erörtert werden. Es geht allein um die Reaktion der deutschen Politik und ihre rechtliche und politische Würdigung im Sinne des oben untersuchten Institutionengefüges und der parlamentarischen Kontrolle.

Anfang Juni wurde bekannt, dass der 29-jährige Edward Snowden hinter den Veröffentlichungen des Geheimdienstmaterials steckte.[381] Die deutsche Politik reagierte zunächst behäbig und verzögert, sich mich dem Thema auseinanderzusetzen. Bei der Bundestagsdebatte um die Einführung eines Whistleblower-Schutzgesetzes wurde zwar bezug auf Edward Snowden genommen, doch der große Skandal wurde noch nicht betrieben.[382] Zunächst war es die Bundesregierung, die aktiv wurde. Bundesjustizministerin Leutheusser-Schnarrenberger forderte in einen Brief an ihren britischen Amtskollegen Aufklärung über mögliche Datenerfassung deutscher Nutzer. Erst über einen Monat später begann die Opposition ihre Welle der Empörung und Forderungen nach Aufklärung, da sie mehr und mehr vermutete, die Bundesregierung wüsste weit mehr über die Abhörpraktiken der ausländischen Geheimdienste, als sie dies preisgäbe. So schlugen die Grünen vor, das Grundrecht auf das Fernmeldegeheimnis auszuweiten zu einem Kommunikations- und Mediengeheimnis, und durch entsprechende Gesetzesänderungen festzuschreiben. Gleichsam kündigte der Vorsitzende des Parlamentarischen Kontrollgremiums, Thomas Oppermann (SPD) am 21. Juli 2013 an, eine Sondersitzung des Gremiums einzuberufen[383], wozu er als Mitglied das

---

381 Vgl. *The Guardian* vom 10.06.2013 erreichbar unter: <http://www.theguardian.com/world/2013/jun/09/edward-snowden-nsa-whistleblower-surveillance>, aufgerufen am 29.08.2013.

382 Vgl. BT-Plenarprotokoll 17/246, S. 31500 (D). Auch die Stimmen der Opposition blieben verhalten und forderten in dieser Debatte noch wenig Aufklärung, vgl. S. 31505 (C); 31503 (B).

383 Vgl. Verfassungsschutz und BND „testen" Datenerfassungsprogramm in: *FAZ* vom 22. Juli …

jederzeitige Recht durch §3 II PKGrG hat, und verlangte Auskunft, ob die Bundeskanzlerin über die Abhörpraxis informiert war. Das Verlangen nach Auskunft stützt Oppermann hierbei auf § 4 I S. 2 PKGrG, wonach die Bundesregierung auf Verlangen auch zu anderen Themen Stellung nehmen muss.

Als direkte Antwort versprach Bundeskanzlerin Angela Merkel alle Sachverhalte Aufzuklären.[384] Rechtlich ist sie dazu aus der allgemeinen Verantwortlichkeit gegenüber dem Bundestag, den Fragerechten aus Artikel 43 GG sowie den spezialgesetzlichen Normen aus § 4 PKGrG auch verpflichtet. Dabei sind sich die oppositionellen Abgeordneten ihrer Rolle durchaus bewusst. „Entweder die Kanzlerin sorgt jetzt endlich für Klarheit, oder das Parlament muss das machen." lässt sich beispielsweise der SPD-Abgeordnete Michael Hartmann zitieren[385] und spielt damit auf die hervorgehobene Stellung des Bundestages an, der ob der Staatsleitung „zur gesamten Hand" im gleichen Maße beteiligt und informiert werden muss und die notwendige Informierung durch seine Rechte auch durchzusetzen weiß. Der Grüne Cem Özdemir verlangte weiterhin von der Bundesregierung, sich für den Schutz des Rechtsstaates und der Grundrechte einzusetzen, und erinnerte sie an ihre Verantwortlichkeit gegenüber Volk und Parlament.[386]

Während der Sitzung des Parlamentarischen Kontrollgremiums am 25. Juli, welches mittlerweile die Aufklärungsarbeit an sich genommen hatte, erklärte Kanzleramtschef und Geheimdienstkoordinator Pofalla, die Geheimdienste hielten sich an das Recht, wohingegen der Vorsitzende Oppermann von der SPD betonte, die meisten Fragen seien noch völlig ungeklärt. Auch die von der Regierung vorgelegten Stellungnahmen, aus denen hervorging, dass zwei Datensätze vom BND an den amerikanischen Geheimdienst NSA übergeben wurden, genügten der Opposition nicht zur Befriedung.[387]

Interessant war auch die Haltung von CDU-Mitglied Hans-Peter Uhl, der obwohl er im Kontrollgremium Mitglied ist, also die überwachende, überprüfende Position gegenüber der Bundesregierung eingenommen hat, sagte: „Wir werden alle Fragen beantworten"[388], ganz so, als wäre er der Kontrollierte. Hier zeigt sich beispielhaft, wie die Gewaltenteilung im Bereich der parlamentarischen

---

2013, S. 2.

384 Vgl. ibid.

385 Vgl. Tauschen und Lauschen in: Welt Kompakt vom 22.07.2013, S. 2f.

386 Vgl. Deutschland nutzt NSA-Spähsoftware, in: *Süddeutsche Zeitung* vom 22. Juli 2013, S. 1.

387 Vgl. Pofalla stellt sich vor die Geheimdienste, in: *Süddeutsche Zeitung* vom 26. Juli 2013, S. 1.

388 Offen hinter verschlossenen Türen, in: *Süddeutsche Zeitung* vom 26. Juli 2013, S. 5.

Kontrolle zwischen Regierungsmehrheit und Parlamentsminderheit verläuft und die Abgeordneten der Regierungskoalition weniger Interesse an Aufklärung und Kontrolle haben, als es die oppositionellen Parteien haben. Auf den gesteigerten Druck auf die Regierung durch das PKGr, das teilweise Überlegungen anstellte, die Bundeskanzlerin selbst vorzuladen[389], reagierte die angegriffene Regierung wiederum mit dem Vorschlag den früheren Kanzleramtschef Steinmeier von der SPD im PKGr vorzuladen und den Spieß umzudrehen. Gleichzeitig versuchte die Regierung Tatendrang zu zeigen und ließ Geheimdienstkoordinator Pofalla ein demonstratives Gespräch mit BND-Chef Schindler führen um weitere Aufklärung zu erreichen.[390]

Der mediale Aufruhr brachte die gewohnte Arbeit zwischen PKGr und Kanzleramt vollends durcheinander und erwirkte durch ihre massive Öffentlichkeit auf ihre Weise kontrollierend. So sah sich gar der Vorsitzende des Kontrollgremiums Thomas Oppermann berufen, die zuvor der Regierung gestellten, und beantworteten Fragen über das soziale Netzwerk twitter zu veröffentlichen[391] und der Präsident des Bundesamtes für Verfassungsschutz erklärte nach früheren Dementierungen schließlich doch die Existenz und Benutzung der Spähsoftware xkeyscore durch seine Behörde[392]. Sicherlich wurde in der Debatte nicht jeglicher Geheimnisschutz übergangen und auch die veröffentlichte Regierungsantwort verweist teils auf unter Verschlusssache geschützte Dokumente. Was aber eindeutig passierte, war ein bedingt durch die mediale Berichterstattung und das Interesse der Bevölkerung an Aufklärung gestärkter Wille zur Kontrolle und zur Aufklärung eines geheimdienstbezogenen Sachverhaltes.

Dies zeigt sich auch in der Ankündigung der Opposition, nach der Bundestagswahl im September, einen Untersuchungsausschuss zur Aufklärung der Rolle der Bundesregierung im Zusammenhang mit den Abhörpraktiken einzusetzen.[393] Damit würde der Bundestag seine Kontrolle über die Regierung auf eine höhere Ebene stufen und sein Enqueterecht ausüben. Auch im Zuge dessen wäre die Bundesregierung verpflichtet, Auskunft zu erteilen, Akten zugänglich zu machen; vor allem aber besitzt der Bundestag durch dieses Ausschussrecht die Möglichkeiten der eigenen Beweiserhebung im Sinne des Strafprozessrechtes, was

---

[389] Vgl. ibid.

[390] Vgl. Merkels Treuester, in: *Süddeutsche Zeitung* vom 24. Juli 2013, S. 5.

[391] Vgl. https://twitter.com/ThomasOppermann, Eintrag vom 15.08.2013.

[392] Vgl. Verfassungsschutz und BND „testen“ Datenerfassungsprogramm, in: FAZ vom 22. Juli 2013.

[393] Vgl. Passauer Neue Presse vom 15.07.2013.

ihm eine noch schärfere Klinge der parlamentarischen Kontrolle zur Verfügung stellt.

Letzten Endes muss konstatiert werden, dass der Bundestag in dem fein austarierten Gefüge der Gewalten und der Verzahnung eine nicht zu unterschätzende Rolle spielt. Er hat wirksame Instrumente, die Exekutive zu kontrollieren und er nutzt diese. Er nutzt sie jedoch nicht immer im Bewusstsein der Öffentlichkeit, doch wenn die Öffentlichkeit ein offenkundiges Interesse an der Aufklärung eines Sachverhaltes zeigt, so ist der Bundestag auch in der Lage, diese wirkmächtig durchzusetzen. Er besitzt die Gremien und die Rechte dafür, er kann auch enormen Druck aufbauen und ein Spektakel veranstalten wenn der Kontrollinstinkt geweckt wird. Oder wenn Wahlkampf ist.

8.5 Die G10-Kommission

Das Gesetz zu Artikel 10 Grundgesetz vom 13. August 1968[394] war ein Kind der Notstandsgesetzgebung. Die Gesetzgebung richtete sich auf das Ziel der Gefahrenabwehr: „Zur Abwehr von drohenden Gefahren für die freiheitliche Grundordnung, oder den Bestand oder die Sicherheit des Bundes oder eines Landes einschließlich der Sicherheit der in der Bundesrepublik Deutschland stationierten Truppen der nichtdeutschen Vertragsstaaten des Nordatlantikvertrages oder der im Land Berlin anwesenden Truppen einer der Drei Mächte sind die Verfassungsschutzbehörden des Bundes und der Länder, das Amt für Sicherheit der Bundeswehr und der Bundesnachrichtendienst berechtigt, dem Brief-, Post- und Fernmeldegeheimnis unterliegende Sendungen zu öffnen und einzusehen, sowie dem Fernschreibverkehr mitzulesen, den Fernmeldeverkehr abzuhören und auf Tonträger aufzunehmen.“ (Artikel 1 § 1 I Gesetz zu Artikel 10 Grundgesetz)

Den erheblichen Eingriffen in die Grundrechte sollte ein Gegenpol erwachsen, der zu einer gesteigerten Legitimität und Akzeptanz des Gesetzes führen sollte. Aus diesem Grund sollte das Parlament die Vorgänge über wachen und notfalls unterbinden können. Zur parlamentarischen Kontrolle wurde in § 9 G-10 Gesetz von 1968 ein Gremium eingeführt, das aus 5 Bundestagsabgeordneten bestand und das vom zuständigen Bundesminister über die Maßnahmen des G-10 Gesetzes im Abstand von 6 Monaten unterrichtet wurde. Dieses Gremium wiederum bestellte eine Kommission, die aus einem Vorsitzenden, der die Richterbefähigung innehaben musste, und zwei Beisitzern bestand. Die Kommission wurde vom zuständigen Bundesminister monatlich über die Aktivitäten nach dem G-10

---

[394] BGBl. I 1968, S. 949.

Gesetz unterrichtet (§ 9 II, III G-10 Gesetz 1968). Die Kompetenz dieser Kommission lag darin, bestimmte Aktivitäten, die das Brief-, Post- und Fernmeldegeheimnis von deutschen Bürgern beschränkten, und die die Kommission als unzulässig oder nicht notwendig erachtete, zu unterbinden und den zuständigen Bundesminister zur sofortigen Beendigung zu veranlassen (§ 9 II G-10 Gesetz 1968). In der durchaus hitzigen Plenardebatte um die Einführung des Gesetzes am 29. Mai 1968 griffen insbesondere FDP-Abgeordnete das geplante Gesetzesvorhaben heftig an. Der Abgeordnete Dr. Reischl von der SPD verteidigte hingegen die Regelungen und, für den hier behandelten Fokus interessant, bot eine Einordnung der G-10 Kommission in die Typologie der parlamentarischen Kontrolle. Die FDP forderte eine Rechtsweggarantie bei Grundrechtseingriffen in das Grundrecht aus Artikel 10, die Regierungskoalition hingegen sah den ordentlichen Rechtsweg bei geheimdiensttätigen Grundrechtseingriffen als sachfremd an und wollte die Kontrolle und Nachprüfung über das Parlament garantieren. So sprach Dr. Reischl:

> „Die [Rechtswegs]Garantie ist eben hintennach gegeben, und zwar die Garantie, daß der Betreffende, wenn er es erfährt, sich an das zuständige parlamentarische Gremium wenden kann. Dieses parlamentarische Gremium ist mit der Arbeit der Dienste, um die es hier geht vertraut. Es überwacht nämlich ständig diese Dienste und kann infolgedessen hier in wesentlich besserer Weise Ordnung schaffen, als ein Gericht das könnte. [...] Das ist doch für einen Rechtsstaat sehr viel erträglicher, als wenn ein parlamentarisches Gremium in einer Verhandlung nun den Tatbestand feststellt und – jetzt komme ich nämlich auf das Wichtigste – wenn es sich um Mißbräuche handelt, diese Mißbräuche hier vor der Tribüne dieses Hauses in aller Öffentlichkeit rügen kann. Das ist doch gerade der entscheidende Punkt."[395]

Die G-10 Kommission als *ständige Überwachung* der Geheimdienste und bei Missständen die *nachträgliche Kontrolle* vor der Tribüne der Öffentlichkeit. Diese Einordnung von Dr. Reischl betrifft in jedem Fall Punkt 1 und Punkt 2 der Kontrollarten nach Steffani und lässt sich sehr passend in die Typologie der parlamentarischen Kontrolle einordnen.

Am 26. Juni 2001 wurde das Artikel-10 Gesetz novelliert und erging unter dem Titel Gesetz zur Neuregelung von Beschränkungen des Brief- Post- und Fernmeldegeheimnisses.[396] Der Kontrollabschnitt des Gesetzes erfuhr gleichsam Änderungen. So hatte der zuständige Minister nunmehr dem PKGr aller sechs Monate über die Aktivitäten Bericht zu erstatten (§14 I G-10 Gesetz von 2001),

---

395 BT-Plenarprotokoll 05/177, S. 9559 (D)f.

396 BGBl. I 2001, S. 1254.

und auch die G-10 Kommission, die permanent die Beschränkungen des Artikels 10 Grundgesetz kontrolliert, jetzt in einem eigenen Paragraphen geregelt, wurde novelliert. Sie bestand aus einem Vorsitzenden, dem nun drei Beisitzer und vier Stellvertreter mit eigenem Stimm-, Rede- und Fragerecht ausgestattet waren (§15 I). Die Kommission wurde seit 2001 durch das PKGr bestellt (§15 I) und trat monatlich zusammen (§15 IV). Die Kompetenzen der G-10 Kommission wurden erheblich ausgeweitet. Während sie nach dem Gesetz von 1968 noch aufgrund von den Berichten der Bundesminister nachrichtendienstliche Maßnahmen für unzulässig erklärte, oder aufgrund von Beschwerden (§9 II G-10 Gesetz von 1968), konnte sie ab 2001 Auskünfte auf ihre Fragen verlangen, hatte das Recht auf Akteneinsicht, insbesondere elektronisch gespeicherte Daten im Zusammenhang mit den Grundrechtsbeschränkungen und hatte zudem Zutritt zu den Diensträumen der Geheimdienste und konnte zudem den Bundesbeauftragten für Datenschutz zu Stellungnahmen heranziehen (§15 V G-10 Gesetz von 2001). Die Kompetenzen der G-10 Kommission bestehen bis heute fort.

8.6 Die Verzahnung der parlamentarischen Kontrollorgane

Auffällig ist insbesondere die Verzahnung der parlamentarischen Kontrollorgane. Zwischen dem Parlamentarischen Kontrollgremium, der G-10 Kommission, die ja vom PKGr bestimmt wird, und auch dem Haushaltsgremium nach §10 a BHO, welches die Haushalte der Geheimdienste überwacht und absegnet, bestehen viele Querverbindungen. Der Vorsitzende, ein Stellvertreter oder ein beauftragtes Mitglied des PKGr kann mitberatend an den Sitzungen des die Haushaltspläne der Geheimdienste kontrollierenden Gremiums nach §10 a BHO teilnehmen (§9 I PKGrG). Gleichsam kann der Vorsitzende dieses Haushaltsgremiums an den Sitzungen des PKGr teilnehmen. Die Mitglieder G-10 Kommission werden vom PKGr bestimmt, gleichzeitig beton aber §1 II PKGrG die Unabhängigkeit der Kontrolltätigkeit der G-10 Kommission. Trotzdem muss die Geschäftsordnung, die sich die G-10 Kommission selber geben darf, vom PKGr die Zustimmung erhalten (§15 IV G-10 Gesetz von 2001). Bis auf das Außenhandelsgremium[397] lässt sich eine Entwicklung hin zu einer Verschlankung und Verdichtung der parlamentarischen Kontrollorgane erkennen, die den Vorteil einer konzentrierteren und strukturierteren Kontrolle, vor allem aber der breiteren Informationsgewinnung und Informationsverarbeitung und Informationsbewertung (Kriterien nach Steffani) mit sich bringen. Diesem Gedanken folgend sollte sich dies positiv auf die parlamentarische Kontrolle insgesamt auswirken.

---

[397] Vgl. dazu oben Kapitel 10.

8.7 Geheimdienstkontrolle im 21. Jahrhundert?

Das 21. Jahrhundert ist geprägt von einer neuen Welle der Industrialisierung, der um sich greifenden Digitalisierung und Vernetzung. Die weltweite Kommunikation wird von Grund auf neu gestaltet, sie findet ganzzeitig, international, mit enormer Beschleunigung statt. Was wir erleben ist eine gesellschaftliche Entwicklung, deren Stellenwert noch gar nicht abzuschätzen ist. Fakt ist, dass sich das Verhältnis der Menschen zueinander, die Kommunikationswege und Kommunikationsplattformen, sowie die Inhalte stark verändern und kein eindeutiges Ziel mehr haben, sondern vielmehr einer fluiden Transformation, die nach wie vor anhält, unterliegt. Das veränderte Verhalten zeigt sich in kürzeren und schnelleren Aufmerksamkeitsspannen, einschlagender Verbreitung von Themen und deren ebenso schnelles Verschwinden. Kommunikation wird schlaglichtartiger, aber dadurch keinesfalls weniger. Es findet viel mehr Kommunikation statt, durch das Internet, Telefone, allgegenwärtige Zugänge zu Netzwerken. Der Mensch bewegt sich nicht mehr zu Knotenpunkten der Kommunikation hin, er selbst bildet die neuen Knotenpunkte und in der Verbindung dieser Knotenpunkte entwickelt sich rasanter und vielfältiger eine Vernetzung der Welt, als man es hätte voraussehen können. Eine Folge dieser Gesellschaftsentwicklung ist die Anhäufung von Daten in schieren Ausmaßen. Die digitale Technik ist darauf angelegt, Informationen der Nutzer zu speichern um sie weiterzuverwenden. Daraus ergeben sich Möglichkeiten, die auf einem normativ schlechten Wege benutzt, eine Gefahr ergeben können. Dies sei mit Absicht zögerlich formuliert. Denn gesellschaftliche Entwicklungen sind ohnehin viel zu komplex, als dass man sie mit einem knappen Urteil als gut oder schlecht oder gefährlich bewerten kann. Allein ein Bewusstsein muss entstehen, wollen wir weiterhin die Entwicklung der vernetzten Kommunikation vorantreiben, dass durch Kundenkarten, Onlinebanking, die tägliche Nutzung des Internets und der Telekommunikation nachvollziehbare Daten entstehen, die viel über die individuellen Persönlichkeiten aussagen können. In gezielten Sammlungen dieser Daten birgt sich die Schwelle zur Überwachung von Privatsphären, die man in der einzelnen Nutzung der Kommunikationswege nicht beabsichtigt hatte zu offenbaren, doch in ihrer Akkumulation verrät die Datenmenge viel. Um diese Tatsache wissen nicht nur internationale Unternehmen, die auch mit gezielter Werbung ihren Umsatz steigern, es betrifft auch und ganz besonders den Bereich der Geheimdienste. Wie die Geheimdienstdebatte, losgetreten durch Edward Snowden, seit Sommer 2013 zeigt, ist die Annahme nicht unbegründet. An dem Punkt, wo Geheimdienste international nicht mehr einzelfallbezogen konspirativ tätig werden, sondern Schleppnetzartig alles sammeln, was sie sammeln können und diese Metadaten im nächsten Schritt auswerten, an diesem Punkt übertritt die Gesellschaft einen Punkt, den sie nicht übertreten darf. Wenn nicht mehr Politiker eines verfeindeten Staates, sondern die Bürger und Politiker von befreundeten und verbündeten Staaten umfassend abgehört und ausgewertet werden, dann ist Vertrauen eine Währung, die ihren Wert verloren hat. Die Entscheidung, wann eine geheimdienstliche Aktion diese Schwelle übertritt, ist eine politische. Politische Entscheidungen hängen viel zu stark von Stimmungen im Volk ab, als dass die modernen Gesellschaften des 21. Jahrhunderts sich diese Einflussnahme entgehen lassen könnten. Moralische Grenzen am Übergang zu den persönlichsten Bereichen der Menschen sollten der Maßstab sein für eine einzelfallbezogene, und sich in Demut übende Geheimdienstarbeit.

Gleiches trifft vollumfänglich auch für die Perversion des parlamentarischen Gedanken zu, wenn Parlamentarier nicht Geheimdienste, sondern Geheimdienste Parlamentarier kontrollieren. Dem glücklichen Umstand der Existenz eines verantwortungsvollen Bundesverfassungsgerichts verdankend, sind dieser Umkehrung der Werte scharfe Grenzen gesetzt worden. Nachdem das Bundesinnenministerium sich weigerte, die anlasslose Überwachung von Abgeordneten der Partei Die Linke zu beenden und sich Klagen diesbezüglich erhoben, urteilte das Gericht streng mit den begangenen Maßnahmen.

„Art. 38 Abs. 1 Satz 2 GG etabliert einen spezifischen Kontrollzusammenhang zwischen Bundestag und Bundesregierung als zentrales Bindeglied zwischen Gewaltenteilung und Demokratieprinzip. Dieser Kontrollzusammenhang geht von den gewählten Abgeordneten aus; er verläuft mit dem demokratischen Legitimationsstrang vom Deutschen Bundestag hin zur Bundesregierung, nicht hingegen umgekehrt von der Regierung zum Parlament. Während die Kontrolle von Regierung und Verwaltung zum Kernbereich der parlamentarischen Aufgaben gehört, das parlamentarische Regierungssystem mithin grundlegend durch die Kontrollfunktion des Parlaments geprägt ist, wird das Parlament seinerseits durch andere Verfassungsorgane nicht in vergleichbarer Weise kontrolliert“[398]

„Gewährleistet Art. 38 Abs. 1 Satz 2 GG nach alledem die freie, von staatlicher Beeinflussung unberührte Kommunikationsbeziehung des Abgeordneten mit den Wählerinnen und Wählern und damit auch die Freiheit der Abgeordneten von exekutiver Beaufsichtigung und Kontrolle, so stellt bereits die systematische Sammlung und Auswertung öffentlich zugänglicher – ohne den Einsatz von Me-

[398] BVerfG, 2 BvR 2436/10 vom 17.9.2013, Rn. 101.

thoden der heimlichen Beschaffung erlangter – Informationen über den Abgeordneten einen Eingriff in das freie Mandat dar."[399]

„Die Beobachtung eines Abgeordneten durch Behörden des Verfassungsschutzes stellt schließlich auch deshalb einen Eingriff in die Freiheit des Abgeordnetenmandats dar, weil damit der im Grundgesetz vorgesehene typische Kontrollzusammenhang zwischen Legislative und Exekutive umgekehrt wird. Darin liegt eine Beeinträchtigung des normativen Status des Abgeordneten, ohne dass es dabei auf eine faktische Beeinflussung der parlamentarischen Willens- und Entscheidungsbildung ankäme."[400]

Die geheimdienstliche Kontrolle von Parlamentsabgeordneten kann dem Urteil zufolge nur in Einzelfällen, in einem verhältnismäßigen Umfang und vor allem in dem Verhalten des Abgeordneten begründet liegen. Dieser müsste seine Freiheit als Abgeordneter nutzen, um gegen die freiheitlich demokratische Grundordnung zu kämpfen. Solange dieser Umstand nicht existiert dürfen Geheimdienste nicht anlasslos tätig werden.

Dieses Urteil sollte eine viel weiterreichende Wirkung besitzen. Denn was die Freiheit des Parlamentariers betrifft, sollte und muss auch für die Freiheit jedes Einzelnen gelten. Nur begründete, anlassbezogene Aktionen der Geheimdienste können eine Legitimierung innehaben. Letztlich liegt es jedoch immer in der persönlichen Verantwortung des Individuums. Sowohl der Menschen, die sich in den Kommunikationswegen aufhalten, der Politiker, die Entscheidungen treffen und der Geheimdienstmitarbeiter, die entscheiden und bewerten müssen, wie weit sie in Privatsphären eindringen müssen und dürfen. Zentraler Ort aber der Kontrolle all dieser Aktivitäten muss das Parlament sein. Die Legislative ist der Ort der Entscheidungsprozesse auch über die Reichweite der Geheimdienste. Was das Parlamentarische Kontrollgremium anbelangt, so ist ihm die Aufgabe zugetragen, seine Kompetenzen tatsächlich zu nutzen und den Einfluss auszuspielen. Ob Geheimdienstmitarbeiter sich direkt und ohne Umweg über die Behördenleitung an das PKGr mit Informationen über Missstände wenden sollten und keinerlei Repressionen für die Offenlegung von internen Geheimnissen fürchten müssten, oder ob auch der Gedanke eines individuellen Rechtschutzes für Betroffene von Grundrechtseingriffen in die Post- und Fernmeldegeheimnisse errichtet werden sollte – das sind Überlegungen die vom nächsten Bundestag an-

---

399 BVerfG, 2 BvR 2436/10 vom 17.9.2013, Rn. 107.
400 *Ibid.*, Rn. 109.

geregt werden müssen. Das Parlament bleibt nach wie vor Herr seiner Entscheidungen.

9 Schlussteil

Was ist Herrschaft? Nach Max Weber besitzt man Herrschaft, wenn man für einen Befehl Gehorsam findet. Dahinter steckt ein Legitimationsgedanke, der diesem Befehl unterstellt wird. Wer befiehlt, ist legitimiert dazu. Es muss also im Vorfeld des Befehls etwas geschehen sein, eine Situation entstanden sein, in der der Befehlende sich eine Legitimation zur Herrschaft angeeignet hat und diese Legitimation in den Augen der Übrigen akzeptiert wurde. Wer Herrschaft innehat, der kann befehlen. Dies führt zu einer großen Fülle von Entscheidungsmacht und letztlich durch Gehorsam dem Befehl gegenüber auch zur Umsetzung der Macht. Gehorsam ist eine zwiespältige Sache. Einerseits benötigt um Entscheidungen umzusetzen. Andererseits die Gefahr bergend, die Entscheidung nicht zu hinterfragen.

Aus diesem Grunde wird Herrschaft in modernen Gesellschaften kontrolliert. Indem der Bundestag seine vom Volk gegebene Legitimation an die Bundesregierung überträgt mit dem Auftrag zu regieren, erfährt die Bundesregierung die Legitimation, auf Befehle Gehorsam zu bekommen, zu herrschen. Da diese Übertragung nie eine einseitige ist, behält sich der Bundestag die Rechte vor, die Ausführung der Herrschaft der Bundesregierung zu kontrollieren, um die Herrschaft zu begrenzen, um der mahnende Finger zu sein, der der Exekutive sagt, sie hat sich an die Regeln zu halten, die sich eine vernunftbegabte Gesellschaft auferlegt hat. Herrschaftsbegrenzung und Herrschaftsteilung also ist parlamentarische Kontrolle. Wir haben gesehen, dass sie sich auf viele Bereiche erstreckt. Selbst die außenpolitischen Belange der Herrschaft sind nicht losgelöst von der Legitimitätskette, an die die Bundesregierung gebunden ist. Vergegenwärtigen wir uns der beiden eingangs aufgestellten Thesen, dass der direkt legitimierte Bundestag an den elementaren Prozessen des Staates teilhaben muss und zugleich eine indirekt legitimierte Regierung autonome Bereiche des Handelns besitzen soll, so lässt sich in der Gesamtschau sagen, dass dieses Zusammenspiel im staatlichen System der Bundesrepublik Deutschland anzutreffen ist. Wesentlichkeitstheorie auf der einen und exekutiver Kernbereich auf der anderen Seite stehen sich gegenüber und bedingen sich. Dass es noch Handlungsbedarf in Bereichen der Geheimdienste oder der Rüstungsexporte gibt, konnte dieser Band zeigen. Die aktuellen Debatten geben Anlass zur Hoffnung, dass Reformierungen folgen werden. Was diese Betrachtung auch zeigte, sind die nicht zu unterschätzenden Möglichkeiten des Parlamentes. Das Wechselspiel zwischen Handlung und Kontrolle der Handlung befindet sich in einem ständigen Anpassungsprozess, die Instrumente optimieren sich selbst in wiederkehrenden Wellen.

10 Literaturverzeichnis

A

Norbert Achterberg, Parlamentsrecht, Tübingen 1984

Sir William Anson, The Law and Custom of the Constitution, Bd. 2, Part I, 3. Aufl., London 1907

Sir William Anson, The Law and Custom of the Constitution, Bd. 2, Part II, 3. Aufl., London 1908

Sir William Anson, The Law and Custom of the Constitution, Bd. 1, 4. Aufl., London 1911, S. 240.

Claus Arndt, Parlamentarische Kontrolle der Geheimdienste, in: Schneider / Zeh 1989, S. 1369-1392

B

Walter Bagehot, The english constitution, 2. Aufl., Boston 1873

Hans-Joachim Berg, Der Verteidigungsausschuss des Deutschen Bundestages, München 1982

Rafael Biermann, Der Deutsche Bundestag und die Auslandseinsätze der Bundeswehr, ZParl 2004, 607

Friedrich Bischoff / Michael Bischoff, in: *Hans-Peter Schneider / Wolfgang Zeh*, Parlamentsrecht und Parlamentspraxis, Berlin 1989, § 54

Ernst-Wolfgang Böckenförde, Die Organisationsgewalt im Bereich der Regierung, Berlin 1998

Winfried von Bredow, Militär und Demokratie in Deutschland, Wiesbaden 2008

Wilfried von Bredow, Die Außenpolitik der Bundesrepublik Deutschland, 2. aktual. Aufl., Wiesbaden 2008

Michael Brenner, Reichweite und Grenzen des parlamentarischen Fragerechts, Baden-Baden 2009

Brockhaus Enzyklopädie, Band 12, Stichwort Kontrolle, Mannheim 1990, S. 316; gleichsam Duden. Rechtschreibung der deutschen Sprache, 21., völlig neu bearb. und erw. Aufl., Mannheim / Leipzig / Wien / Zürich 1996

Bundesministerium des Inneren, Bericht der Bundesregierung über organisatorische und personelle Maßnahmen auf dem Gebiet des Verfassungsschutzes und über die parlamentarische Kontrolle der Nachrichtendienste, Bonn 1964

Bundesministerium für Verteidigung, Weißbuch, Berlin 1994

Hermann Butzner, Der Bereich des schlichten Parlamentsbeschluss, AÖR 1994, 61

Eckart Busch, Parlamentarische Kontrolle. Ausgestaltung und Wirkung, Heidelberg 1983

C

Eugene Parker Chase, Parliamentary Control of Foreign Policy in Great Britain, in: The American Political Science Review, Jg. 25 (1931), S. 861-880

Gordon Craig, Die preußisch- deutsche Armee 1640-1945. Staat im Staate, Königstein 1980

D

Robert Dahl, Polyarchy. Participation and Opposition, New Haven / London 1971.

Christian Demuth, Der Bundestag als lernende Institution. Eine evolutionstheoretische Analyse der Lern- und Anpassungsprozesse des Bundestages insbesondere an die Europäische Union, Baden-Baden 2009

Deutscher Bundestag, Untersuchungsausschüsse, erreichbar unter: http://www.bundestag.de/bundestag/ausschuesse17/ua/index.jsp, aufgerufen am 14.07.2013

Deutscher Bundestag, Wissenschaftliche Dienste, Der Bundessicherheitsrat, Nr. 22/08 vom 09.Mai 2008

Deutscher Bundestag, Wissenschaftliche Dienste, Die Entscheidung des Bundesverfassungsgerichtes zum BND-Untersuchungsausschuss, Nr. 65/09 vom 28. Juli 2009

Deutsche Bundesregierung: Politische Grundsätze der Bundesregierung für den Export von Kriegswaffen und sonstigen Rüstungsgütern von 2000, aufrufbar unter: http://www.bmwi.de/BMWi/Redaktion/PDF/A/aussenwirtschaftsrechtgrundsaetze,property=pdf,bereich=bmwi2012,sprache=de,rwb=true.pdf., aufgerufen am 06.09.2013.

Rudolf Dolzer / Karin Vogel / Klaus Graßhof, Bonner Kommentar zum Grundgesetz, Heidelberg 2011, Bd. 6

Peter Dreist, Offene Rechtsfragen des Einsatzes bewaffneter deutscher Streitkräfte, NZWehrr 2002, 133

Duden, Die deutsche Rechtschreibung, Mannheim / Leipzig / Wien / Zürich 1996

E

Peter Eickenboom, Haushaltsausschuss und Haushaltsverfahren, in: *Hans-Peter Schneider / Wolfgang Zeh* 1989, § 44, Rn

Encyclopedia Britannica, Band 7, Stichwort Control, New York 1911

Dieter Engels, Parlamentarische Untersuchungsausschüsse. Grundlagen und Praxis im Deutschen Bundestag, Heidelberg 1989

Walter Euchner, Naturrecht und Politik bei John Locke, Frankfurt am Main 1979

Walter Euchner, John Locke, in: *Hans Meier / Horst Denker*, Klassiker des politischen Denkens, Bd. 2, 3., überarb. Aufl., München 2007, S. 15-30

F

Frankfurter Allgemeine Zeitung, Verfassungsschutz und BND „testen“ Datenerfassungsprogramm, 22. Juli 2013, S. 2.

Freedom House, erreichbar unter: <http://www.freedomhouse.org/report-types/freedom-world>, aufgerufen am 25.10.2013

Karl Friauf / Wolfgang Höfling, Berliner Kommentar, Berlin 2007, Bd. 2

Ernst Friesenhahn, Parlament und Regierung im modernen Staat, Veröffentlichung der deutschen Staatsrechtslehrer, H. 16, Berlin 1958, S. 9-65

Michael Fuchs, Der Ausschuss für Angelegenheiten der Europäischen Union des Deutschen Bundestages, in: ZParl 2004, Jg. 35, H. 1, S. 3-24

G

Hansjörg Geiger, Wie viel Kontrolle ist möglich und nötig? Rechtliche Grundlagen und politische Praxis, in: *Smidt / Poppe / Krieger / Müller-Ensberg* (Hrsg.), Geheimhaltung und Transparenz. Demokratische Kontrolle der Geheimdienste im internationalen Vergleich, Berlin 2007, S. 33-45

Rudolf Geiger, Zur Beteiligung des Gesetzgebers gemäß Art. 23 I GG bei Änderungen und Erweiterungen der Europäischen Union, in: ZG 2003, Jg. 18, S. 193-207

Andreas Gilch, Das Parlamentsbeteiligungsgesetz. Die Auslandsentsendung der Bundeswehr und deren verfahrensrechtliche Ausgestaltung, Würzburg 2005

Robert Glawe, Der Bundessicherheitsrat als sicherheits- und rüstungspolitisches Koordinationselement, in: DVBl. 2012, S. 329-335

Karl Gleumes, Der Wehrbeauftragte, Berlin 2006

The Guardian vom 10.06.2013 http://www.theguardian.com/world/2013/jun/09/edward-snowden-nsa-whistleblower-surveillance, aufgerufen am 29.08.2013.

H

Erik Hansalek, Die parlamentarische Kontrolle der Bundesregierung im Bereich der Nachrichtendienste, Frankfurt 2006

Phillip Harfst / Kai-Uwe Schnapp, Instrumente parlamentarischer Kontrolle in westlichen Demokratien. Discussion Paper SP IV 2003-201, Wissenschaftszentrum Berlin für Sozialforschung, Berlin 2003; online unter: http://hdl.handle.net/10419/49732, aufgerufen am 27.08.2013

Jürgen Hartmann, Internationale Beziehungen, Opladen 2001

Felix Hauck, Mitwirkungsrechte des Bundestages in Angelegenheiten der Europäischen Union, Berlin 1999

Georg Herbstritt, Bundesbürger im Dienst der DDR-Spionage. Eine analytische Studie, Göttingen 2007

Dieter Hesselberger, Grundgesetz, Bonn 2003

Willibald Hermsdörfer, Einsatz bewaffneter Streitkräfte vor Zustimmung des Deutschen Bundestages, UBWV 2003, 404

Hömig, Grundgesetz für die Bundesrepublik Deutschland, Baden-Baden 2013

Konrad Hummel, Rückholrecht des Bundestages bei Auslandseinsätzen der Streitkräfte, NZWehrr 2001, 221

I

Jörn Ipsen, Staatsrecht I, München 2010

Wolfgang Ismayr, Der Deutsche Bundestag, 3., völlig überarbeitete und aktualisierte Auflage, Wiesbaden 2012

J

Richard Jaeger, Die wehrrechtlichen Vorschriften des Grundgesetzes, BayVBl 1956, 329

Thomas Jäger / Kai Oppermann / Alexander Höse / Henrike Viehrig, Die Salienz außenpolitischer Themen im Bundestag. Ergebnisse einer Befragung der Mitglieder des 16. Deutschen Bundestages, Köln 2006

Hans Jarass / Bodo Pieroth, Grundgesetz für die Bundesrepublik Deutschland, München 2010

K

Alfred Katz, Staatsrecht, Heidelberg 2007

Paul Kelly, Locke´s Second Treatise of Governement, London, New York

Roderick Kiewiet / Mathew McCubbins, The logic of delegation, Chicago 1991

Friedrich Kluge, Etymologisches Wörterbuch der deutschen Sprache, 24., durchgesehene und erweiterte Auflage, Berlin/New York 2001

Alexander Koch, Beteiligung von Bundestag und Bundesländern in Angelegenheiten der EU, in: *Andreas von Arnauld / Ulrich Hufeld* (Hrsg.), Systematischer Kommentar zu den Lissabon-Begleitgesetzen, Baden-Baden 2011, 3. Teil, 9. Abschnitt, Rn. 4

Juliane Kokott, Kontrolle der auswärtigen Gewalt, DVBl 1996, 937 950

Matthias Kühnreich, Das Selbstorganisationsrecht des Deutschen Bundestages unter besonderer Berücksichtigung des Hauptstadtbeschlusses, Berlin 1997

L

Walter LaFaber, America, Russia and the cold war, New York 1991

Hans-Joachim Lauth / Oliver Kauff, Demokratiemessung: Der KID als aggregiertes Maß der komparativen Forschung. Empirische Befunde der Regimeentwicklung von 1996 bis 2010, Würzburger Arbeitspapiere zur Politikwissenschaft und Sozialforschung, Nr. 2, Würzburg 2012

Martin Limpert, Auslandseinsatz der Bundeswehr, Berlin 2002

Joachim Linck, Zur Informationspflicht der Regierung gegenüber dem Parlament, in: DÖV, 1983, 957

John Locke, Zwei Abhandlungen über die Regierung, Frankfurt am Main 1977

Karl Loewenstein, Verfassungslehre, Tübingen 1969

Arthur Lupia, The EU, the EEA and domestic accountability: How outside forces affect delegation with member states, in: The journal of Legislative Studies, Jg. 6, S. 15-32

M

Ernst Majonica, Bundestag und Außenpolitik, in: *Hans-Peter Schwarz* (Hrsg.), Handbuch der deutschen Außenpolitik, München 1975, S. 112-123

Siegfried Mann, Das Bundesministerium für Verteidigung, Bonn 1971

Hermann Mangoldt / Friedrich Klein / Christian Starck Kommentar zum Grundgesetz, München 2010, Bd. 2

Stefan Marshall, Beziehungsspiele zwischen Parlament und Regierung, „Rules of the Game“ und ihre Reform, in: *Everhard Holtmann, Werner J. Patzelt* (Hrsg.), Kampf der Gewalten? Parlamentarische Regierungskontrolle – gouvernementale Parlamentskontrolle. Theorie und Empirie, Wiesbaden 2004, S. 313-332

Wolfgang Martens, Grundgesetz und Wehrverfassung, Hamburg 1961

Theodor Maunz / Günter Dürig, Grundgesetz, München 2011

Hartmut Maurer, Staatsrecht I, München 2013

Christine Mellein, Subsidiaritätskontrolle durch nationale Parlamente. Eine Untersuchung zur Rolle der mitgliedstaatlichen Parlamente in der Architektur Europas, Baden-Baden 2007

Wolfgang Merkel, Systemtransformation. Eine Einführung in die Theorie und Empirie der Transformationsforschung, 2. überarb. u. erweit. Aufl., Wiesbaden 2010

Christoph Möllers, Der vermisste Leviathan. Staatstheorie in der Bundesrepublik, Frankfurt am Main 2008

Ingo von Münch, Staatsrecht I, Stuttgart 2000

Wolfgang Müller, Political parties in parliamentary democracies: Making delegation and accountability work, in: European Journal of Political Research, Jg. 37, S. 309-333

Wolfgang Müller / Torbjörn Bergman / Kaare Strom, Parliamentary Democracy: Promise and Problems, in: *Kaare Strom / Wolfgang Müller / Torbjörn Bergman*, Delegation and Accountability in Parliamentary Democracies, Oxford 2003, S. 3-33

N

Peter Niesen, Volkssouveränität als Herrschaftsbegrenzung: Lockes Theorie des Verfassungsstaates, in: *Michaela Rehm / Bernd Ludwig* (Hrsg.), John Locke. Zwei Abhandlungen über die Regierung, Berlin 2012, S. 131-152

P

Das Parlament, Geschichten vom öffentlichen und heimlichen Schämen, Jg. 63 (2013), H. 29-31, S. 9

Günther Patz, Parlamentarische Kontrolle der Außenpolitik, Meisenhain 1976

Dietmar Peitsch / Christina Polzin, Die parlamentarische Kontrolle der Geheimdienste, NVWZ 2000, 378

Frank Pfetsch, Einführung in die Außenpolitik der Bundesrepublik Deutschland, Opladen 1981

Ronald Pofalla, Die Bundeswehr im Ausland, ZRP 2004, 221 (224).

R

Christian Raap, Die Kontrolle der Streitkräfte durch das Parlament, JuS 1996, 980

Christian Rath, Entscheidungspotenziale des Deutschen Bundestages in EU-Angelegenheiten. Mandatsgesetze und parlamentarische Stellungnahmen im Rahmen der unionswärtigen Gewalt, Baden-Baden 2001

Markus Rau, AVR 2006, 93 (106f.).

Heinz Rausch, Bundestag und Bundesregierung, München 1976

Dörthe Rosenow, Der Wehrbeauftragte im Transformationsprozess, Baden-Baden 2008

Jean-Jacques Rousseau, Der Gesellschaftsvertrag. Oder Prinzipien des Staatsrechts, 2. Aufl., Wiesbaden 2012

Wolfgang Rudzio, Das politische System der Bundesrepublik Deutschland, Wiesbaden 2006

S

Michael Sachs, Grundgesetz, München 2011

Phillip Scherrer, Das Parlament und sein Heer, Berlin 2010

Peter Schindler, Datenhandbuch zur Geschichte des Deutschen Bundestages 1949-1999, Berlin 1999

Peter Schindler, Datenhandbuch zur Geschichte des Deutschen Bundestages seit 1990, online unter: www.bundestag.de/dokumente/datenhandbuch, aufgerufen am 29.10.2013

Jörg Schmidt, Die demokratische Legitimation der parlamentarischen Kontrolle, Berlin 2007

Carl Schmitt, Legalität und Legitimität, 8. Aufl., Berlin 2012 (1932)

Florian Schröder, Das neue Parlamentsbeteiligungsgesetz, NJW 2005, 1401

Josef Stalin / Harry Truman / Clement Attlee, Mitteilung über die Dreimächtekonferenz von Berlin vom 02.08.1945, Potsdam 1945, Teil 3, A, 3 (Potsdamer Abkommen)

Klaus Albrecht Sellmann, Der schlichte Parlamentsbeschluss, Berlin 1966

SPD und Bündnis 90 / Grüne, Aufbruch und Erneuerung – Deutschlands Weg ins 21. Jahrhundert. Koalitionsvertrag zwischen der sozialdemokratischen Partei Deutschland und Bündnis 90/Die Grünen, Bonn 20. Oktober 1998, aufrufbar unter: http://www.boell.de/downloads/stiftung/1998_Koalitionsvertrag.pdf, aufgerufen am 06.09.2013

Rainer Specht, John Locke, 2., überarb. Aufl., München 2007

Winfried Steffani, Formen, Verfahren und Wirkungen der parlamentarischen Kontrolle, in: Hans-Peter Schneider, Wolfgang Zeh (Hrsg.), Parlamentsrecht und Parlamentspraxis, Berlin 1989, S. 1325-1367

Klaus Stern, Das Staatsrecht der Bundesrepublik Deutschland, München 1984, Bd. 1

Helmut Stoltenberg, Das Versprechen der Demokratie, in: Das Parlament, Jg. 63 (2013) H. 29.31, S. 4

Helmut Stoltenberg, Drei Präsidenten in nur drei Jahren, in: Das Parlament, Jg. 63 (2013), H. 29-31, S. 10

Kaare Strom, Delegation and Accountability in Parliamentary Democracies, in: European Journal of Political Research, Jg. 37 (2000), S. 261-290

Kaare Strom, Parliamentary Democracy and Delegation, in: *Strom / Müller / Bergman* 2003, S. 55-108

Süddeutsche Zeitung, Deutschland nutzt NSA-Spähsoftware, 22. Juli 2013, S. 1

Süddeutsche Zeitung, Merkels Treuester, 24. Juli 2013, S. 5

Süddeutsche Zeitung, Offen hinter verschlossenen Türen, 26. Juli 2013, S. 5

Süddeutsche Zeitung, Pofalla stellt sich vor die Geheimdienste, 26. Juli 2013, S. 1

T

Uwe Thaysen, Parlamentarisches Regierungssystem, Opladen 1976

Alexis de Tocqueville, Über die Demokratie in Amerika, München 1976

Harry Truman, Memoirs, Bd. 2, Years of Trial and Hope, New York 1956

U

Dieter Umbach / Thomas Clemens, Mitarbeiterkommentar und Handbuch, Heidelberg 2002

W

Kay Waechter, Geheimdienstkontrolle – erfolglos, folgenlos, umsonst? Zur Durchsetzung des Unterrichtungsanspruches der Parlamentarischen Kontrollkommission für die Nachrichtendienste, JURA 1991, 520-526.

Tobias Wagner, Parlamentsvorbehalt und Parlamentsbeteiligungsgesetz, Berlin 2010

Gunter Warg, Außenkompetenzen des Bundes und Mitwirkungsrechte des Parlaments, in: Jura 2002, 806

Stefanie Waske, Mehr Liaison als Kontrolle, Die Kontrolle des BND durch das Parlament und Regierung 1955-1978, Wiesbaden 2009

Wolfgang Weiß, Die Beteiligung des Bundestages bei Einsätzen der Bundeswehr im Ausland, NZWehrr 2005, 100

Dieter Wiefelspütz, Der Einsatz der Streitkräfte und die konstitutive Beteiligung des Deutschen Bundestages, NZWehrr, 2003, 133

Dieter Wiefelspütz, Das Parlamentsbeteiligungsgesetz vom 19.03.2005, NVwZ 2005, 496

Dieter Wiefelspütz, Der konstitutive wehrverfassungsrechtliche Parlamentsbeschluss, ZParl 2007, 3

Dieter Wiefelspütz, Der Auslandseinsatz der Bundeswehr und das Parlamentsbeteiligungsgesetz, Frankfurt am Main 2008

Michael Wild, Verfassungsrechtliche Möglichkeiten und Grenzen für Auslandseinsätze der Bundeswehr nach dem Kosovo-Krieg, DÖV 2000, 622

Max Weber, Parlament und Regierung im neugeordneten Deutschland, Gesammelte Politische Schriften (GPS), 5. Auflage, Tübingen 1988 [orig. 1918]

Welt Kompakt, Tauschen und Lauschen, 22.07.2013, S. 2f.

Udo Wittmoser, Die Landesämter für Verfassungsschutz, Hamburg 2012

Z

Egon Zweig, Die parlamentarische Enquete nach deutschem und österreichischem Recht, in: Zeitschrift für Politik, Jg. 7 (1913), Sechter Band, Berlin, S. 267-345

11 Anhang

Anhangsverzeichnis

Anhang I: Daten aus Rüstungsexportbericht 2003, KID, Freedom House

Staaten	KID	Freedom House
Afghanistan	-	nicht frei
Ägypten	autokratisch	nicht frei
Albanien	hybrid	partiell frei
Algerien	autokratisch	nicht frei
Andorra	-	frei
Argentinien	defekte D.	partiell frei
Aruba	-	-
Bahrain	autokratisch	partiell frei
Bangladesh	autokratisch	partiell frei
Belarus	autokratisch	nicht frei
Bosnien-Herzegowina	-	partiell frei
Botsuana	defekte D.	frei
Brasilien	defekte D.	frei
Brunei	-	nicht frei
Bulgarien	defekte D.	frei
Burkina Faso	autokratisch	partiell frei
Burundi	-	nicht frei
Chile	demokratisch	frei
China	autokratisch	nicht frei
Costa Rica	demokratisch	frei
Domin. Republik	defekte D.	frei
Ecuador	hybrid	partiell frei
Estland	demokratisch	frei
Gabun	-	partiell frei
Gibraltar	-	-
Grönland	-	-
Hongkong	-	-
Indien	defekte D.	frei
Indonesien	autokratisch	partiell frei
Irak	-	nicht frei
Israel	defekte D.	frei
Jordanien	autokratisch	partiell frei
Kambodscha	autokratisch	nicht frei
Kasachstan	autokratisch	nicht frei
Katar	autokratisch	nicht frei
Kenia	hybrid	partiell frei
Kirgistan	autokratisch	nicht frei
Kolumbien	autokratisch	partiell frei
Kroatien	defekte D.	frei

Kuweit	autokratisch	partiell frei
Laos	autokratisch	nicht frei
Lettland	demokratisch	frei
Libanon	-	nicht frei
Libyen	autokratisch	nicht frei
Litauen	demokratisch	frei
Madagaskar	defekte D.	partiell frei
Malaysia	hybrid	partiell frei
Malta	-	frei
Marokko	autokratisch	partiell frei
Mexiko	defekte D.	frei
Mongolei	defekte D.	frei
Namibia	defekte D.	frei
Neukaledonien	-	-
Niederl. Antillen	-	-
Niger	hybrid	partiell frei
Nigeria	autokratisch	partiell frei
Oman	autokratisch	nicht frei
Pakistan	autokratisch	nicht frei
Paraguay	hybrid	partiell frei
Philippinen	defekte D.	frei
Republik Korea	demokratisch	frei
Republik Moldau	defekte D.	partiell frei
Rumänien	defekte D.	frei
Russische Föderation	autokratisch	partiell frei
Sambia	autokratisch	partiell frei
San Marino	-	frei
Saudi Arabien	autokratisch	nicht frei
Senegal	defekte D.	frei
Serbien / Montenegro	hybrid	-
Singapur	autokratisch	partiell frei
Slowakei	demokratisch	frei
Slowenien	demokratisch	frei
Sri Lanka	defekte D.	partiell frei
Südafrika	demokratisch	frei
Syrien	autokratisch	nicht frei
Taiwan	demokratisch	frei
Tansania	autokratisch	partiell frei
Thailand	defekte D.	frei
Timor-Leste	-	-
Tunesien	autokratisch	nicht frei
Turkmenistan	autokratisch	nicht frei
Ukraine	autokratisch	partiell frei

Usbekistan	autokratisch	nicht frei
V. Arabische Emirate	autokratisch	nicht frei
Venezuela	autokratisch	partiell frei
Vietnam	autokratisch	nicht frei
Zypern Süd	demokratisch	frei

Anhang II: Daten aus Rüstungsexportbericht 2008, KID, Freedom House

Staaten	KID	Freedom House
Afghanistan	-	partiell frei
Ägypten	autokratisch	nicht frei
Albanien	defekte D.	partiell frei
Algerien	autokratisch	nicht frei
Andorra	-	frei
Angola	autokratisch	nicht frei
Argentinien	defekte D.	frei
Armenien	autokratisch	nicht frei
Aserbaidschan	autokratisch	nicht frei
Bahrein	autokratisch	partiell frei
Bangladesch	autokratisch	partiell frei
Belarus	autokratisch	nicht frei
Bermuda	-	-
Bhutan	autokratisch	nicht frei
Bolivien	hybrid	partiell frei
Bosnien und Herzegowina	-	partiell frei
Botsuana	defekte D.	frei
Brasilien	defekte D.	frei
Brunei	-	nicht frei
Burkina Faso	autokratisch	partiell frei
Chile	demokratisch	frei
China	autokratisch	nicht frei
Ecuador	autokratisch	-
Falklandinseln	-	-
Georgien	hybrid	partiell frei
Ghana	defekte D.	frei
Gibraltar	-	-
Grönland	-	-
Guinea	autokratisch	nicht frei
Hongkong	-	-
Indien	defekte D.	frei
Indonesien	defekte D.	frei
Irak	-	nicht frei
Israel	defekte D.	frei
Jemen	autokratisch	partiell frei
Jordanien	autokratisch	partiell frei
Kasachstan	autokratisch	nicht frei
Katar	autokratisch	nicht frei

Kenia	autokratisch	partiell frei
Kirgisistan	autokratisch	partiell frei
Kolumbien	hybrid	partiell frei
Kongo	-	-
Kosovo	autokratisch	-
Kroatien	defekte D.	frei
Kuweit	autokratisch	partiell frei
Lesotho	defekte D.	frei
Libanon	autokratisch	partiell frei
Libyen	autokratisch	nicht frei
Macau	-	-
Madagaskar	hybrid	partiell frei
Malaysia	hybrid	partiell frei
Malediven	-	nicht frei
Mali	defekte D.	frei
Marokko	autokratisch	partiell frei
Mauritius	demokratisch	frei
Mazedonien	-	partiell frei
Mexiko	defekte D.	frei
Moldau	hybrid	partiell frei
Mongolei	defekte D.	frei
Namibia	defekte D.	frei
Neapel	autokratisch	partiell frei
Neukaledonien	-	-
Nigeria	autokratisch	partiell frei
Oman	autokratisch	nicht frei
Pakistan	autokratisch	nicht frei
Panama	defekte D.	frei
Paraguay	defekte D.	partiell frei
Peru	defekte D.	frei
Philippinen	autokratisch	partiell frei
Ruanda	autokratisch	nicht frei
Russische Föderation	autokratisch	nicht frei
Sambia	hybrid	partiell frei
San Marino	-	frei
Saudi Arabien	autokratisch	nicht frei
Serbien	defekte D.	frei
Seychellen	-	partiell frei
Singapur	autokratisch	partiell frei
Südafrika	defekte D.	frei
Sudan	autokratisch	nicht frei
Südkorea	demokratisch	frei
Taiwan	demokratisch	-

Tansania	autokratisch	partiell frei
Thailand	autokratisch	nicht frei
Timor-Leste	hybrid	-
Trinidad und Tobago	defekte D.	frei
Tunesien	autokratisch	nicht frei
Turkmenistan	autokratisch	nicht frei
Ukraine	defekte D.	frei
Uruguay	demokratisch	frei
Venezuela	autokratisch	partiell frei
Vereinigte Arabische Emi-rate	autokratisch	nicht frei
Vietnam	autokratisch	nicht frei

Anhang III: Daten aus Rüstungsexportbericht 2011, KID, Freedom House

Staaten	KID	Freedom House
Afghanistan	-	nicht frei
Ägypten	autokratisch	nicht frei
Algerien	autokratisch	nicht frei
Andorra	-	frei
Angola	autokratisch	nicht frei
Argentinien	defekt demokratisch	frei
Aserbaidschan	autokratisch	nicht frei
Äthiopien	autokratisch	nicht frei
Bahrein	autokratisch	nicht frei
Bangladesch	autokratisch	partiell frei
Barbados	-	frei
Belarus	autokratisch	nicht frei
Bosnien Herzegowina	-	partiell frei
Botsuana	defekt demokratisch	frei
Brasilien	defekt demokratisch	frei
Brunei	-	nicht frei
Burkina Faso	autokratisch	partiell frei
Chile	demokratisch	frei
China	autokratisch	nicht frei
Costa Rica	demokratisch	frei
Cote D´Ivoire	-	nicht frei
Dominikanische Republik	defekt demokratisch	frei
Ecuador	autokratisch	partiell frei
Französisch Polynesien	-	-
Gabun	autokratisch	nicht frei
Georgien	hybrid	partiell frei
Ghana	defekt demokratisch	frei
Grönland	-	-
Haiti	-	partiell frei
Hongkong	-	-
Indien	defekt demokratisch	frei
Indonesien	defekt demokratisch	frei
Irak	-	nicht frei
Iran	autokratisch	nicht frei
Israel	defekt demokratisch	frei
Jemen	autokratisch	nicht frei
Jordanien	autokratisch	nicht frei
Kamerun	autokratisch	nicht frei
Kasachstan	autokratisch	nicht frei

Kenia	autokratisch	partiell frei
Kirgististan	autokratisch	partiell frei
Kolumbien	hybrid	partiell frei
Kongo	autokratisch	nicht frei
Kosovo	autokratisch	partiell frei
Kuweit	autokratisch	partiell frei
Libanon	autokratisch	partiell frei
Liberia	hybrid	partiell frei
Libyen	autokratisch	nicht frei
Macau	-	-
Madagaskar	autokratisch	partiell frei
Malaysia	hybrid	partiell frei
Mali	defekt demokratisch	frei
Marokko	autokratisch	partiell frei
Mauritius	demokratisch	frei
Mazedonien	defekt demokratisch	partiell frei
Mexiko	defekt demokratisch	partiell frei
Mongolei	defekt demokratisch	frei
Mosambik	autokratisch	partiell frei
Namibia	defekt demokratisch	frei
Neukaledonien	-	-
Nigeria	autokratisch	partiell frei
Oman	autokratisch	nicht frei
Pakistan	autokratisch	partiell frei
Paraguay	defekt demokratisch	partiell frei
Peru	defekt demokratisch	frei
Phillipinen	hybrid	partiell frei
Republik Moldau	defekt demokratisch	partiell frei
Russland	autokratisch	nicht frei
Sambia	hybrid	partiell frei
San Marino	-	frei
Saudi Arabien	autokratisch	nicht frei
Serbien	defekt demokratisch	frei
Singapur	autokratisch	partiell frei
Somalia	-	nicht frei
Sri Lanka	autokratisch	partiell frei
St. Helena	-	-
Südafrika	defekt demokratisch	frei
Sudan	autokratisch	nicht frei
Südkorea	demokratisch	frei
Südsudan	autokratisch	-
Syrien	autokratisch	nicht frei
Tadschikistan	autokratisch	nicht frei

Taiwan	demokratisch	frei
Tansania	autokratisch	partiell frei
Thailand	autokratisch	partiell frei
Timor Leste	hybrid	-
Togo	autokratisch	partiell frei
Trinidad Tobago	defekt demokratisch	frei
Tunesien	autokratisch	nicht frei
Turkmenistan	autokratisch	nicht frei
Uganda	autokratisch	partiell frei
Ukraine	hybrid	frei
Uruguay	demokratisch	frei
Venezuela	autokratisch	partiell frei
Vereinigte Arab. Emirate	autokratisch	nicht frei
Vietnam	autokratisch	nicht frei

***ibidem*-Verlag**
Melchiorstr. 15
D-70439 Stuttgart
info@ibidem-verlag.de

www.ibidem-verlag.de
www.ibidem.eu
www.edition-noema.de
www.autorenbetreuung.de

Zeitfracht Medien GmbH
Ferdinand-Jühlke-Straße 7
99095 Erfurt, Deutschland
produktsicherheit@kolibri360.de